AF563935

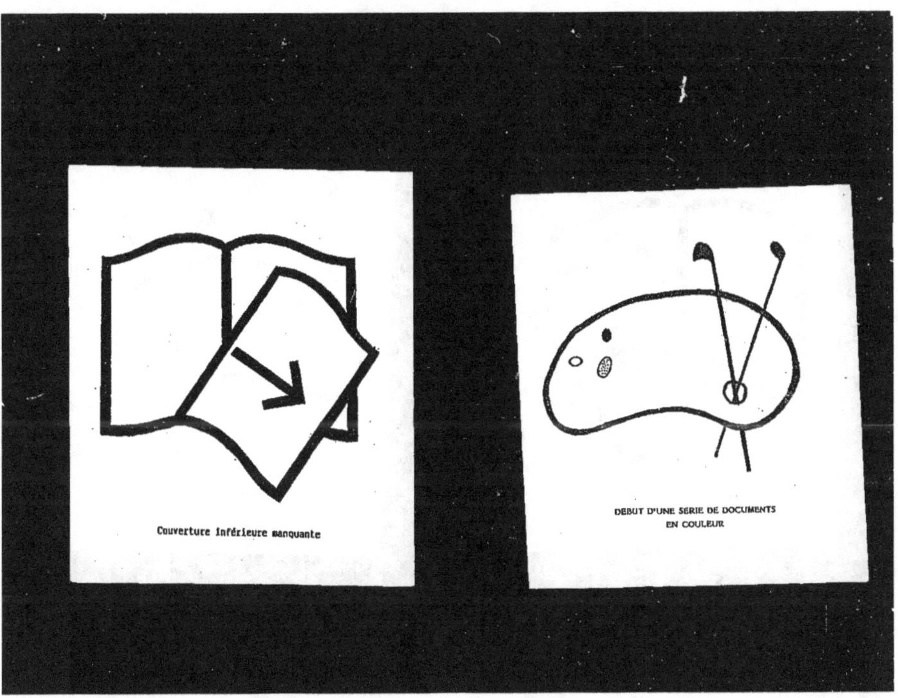
Couverture inférieure manquante
DEBUT D'UNE SERIE DE DOCUMENTS
EN COULEUR

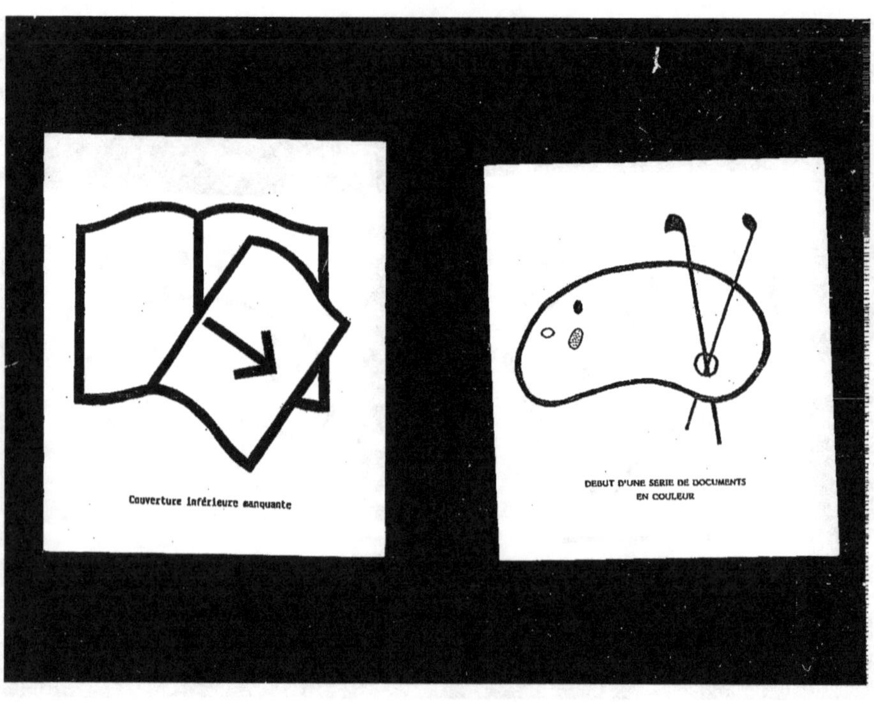
Couverture inférieure manquante
DEBUT D'UNE SERIE DE DOCUMENTS
EN COULEUR

INSTITUT DE FRANCE

JULES SIMON

NOTICE HISTORIQUE

Lue en séance publique le 5 décembre 1896

PAR

M. GEORGES PICOT

SECRÉTAIRE PERPÉTUEL
DE L'ACADÉMIE DES SCIENCES MORALES
ET POLITIQUES

PARIS
AIRIE HACHETTE ET Cie
, BOULEVARD SAINT-GERMAIN, 79

1897

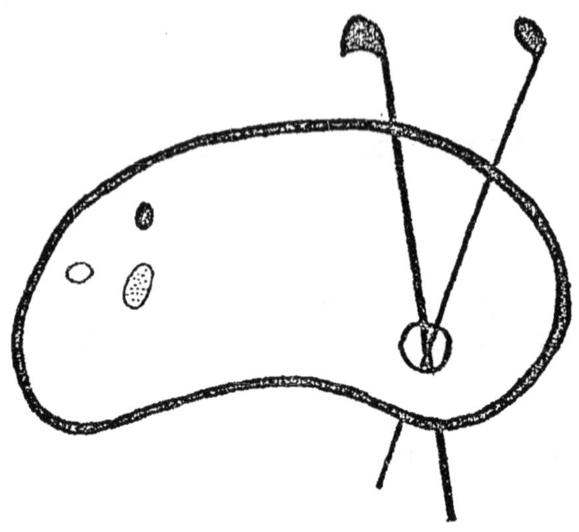

FIN D'UNE SERIE DE DOCUMENTS
EN COULEUR

JULES SIMON

NOTICE HISTORIQUE

Lue en séance publique le 5 décembre 1896

COULOMMIERS
Imprimerie Paul Brodard.

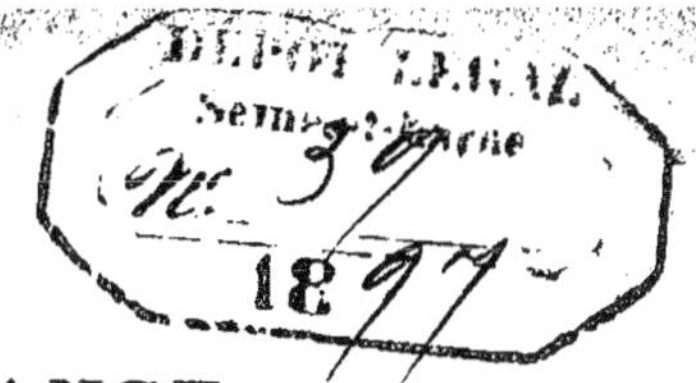

INSTITUT DE FRANCE

JULES SIMON

NOTICE HISTORIQUE

Lue en séance publique le 5 décembre 1896

PAR

M. GEORGES PICOT

SECRÉTAIRE PERPÉTUEL
DE L'ACADÉMIE DES SCIENCES MORALES
ET POLITIQUES

PARIS
LIBRAIRIE HACHETTE ET Cie
79, BOULEVARD SAINT-GERMAIN, 79

1897

JULES SIMON

NOTICE HISTORIQUE

Lue en séance publique le 5 décembre 1896

Messieurs,

M. Jules Simon a été tour à tour maître de philosophie, journaliste et écrivain. Député, il est devenu ministre et il a gouverné son pays.

Dans sa jeunesse, il a honoré la chaire de professeur; dans son âge mûr, il a illustré la tribune; chargé d'années, il était encore un incomparable orateur, et dans la foule qui se pressait autour de lui pour l'applaudir figuraient les petits-fils de ses premiers élèves. Sa parole a servi d'enseignement à trois générations.

Aux temps de silence, sa plume remplaçait le discours. En pleine liberté, elle achevait ce que sa voix avait commencé. Ses livres étaient des actes.

Moraliste, sans une nuance de pédantisme, parce qu'il aimait sincèrement les hommes, épris de tout ce qui développe les facultés, il a poursuivi un but, le plus noble de tous : montrer à ses contemporains comment il fallait user de la liberté.

Toutes les puissances que nous avons reçues de Dieu contribuant à notre progrès moral, — nos passions jugées par la conscience, contenues par le devoir et tournées vers le bien, — les injustices redressées au profit de tout ce qui est faible, — les abus de la force réprimés, — la famille partout défendue et la femme qui en est l'âme mise au premier rang, ce qui est le signe des grandes civilisations, — après la mère l'enfant ayant droit au respect, — l'instruction n'étant jamais séparée de l'éducation, — tout ce que l'État est incapable de faire parce qu'il est incapable de sentir demandé à l'initiative privée, — l'association s'épanouissant en un réseau d'activité, — les œuvres multipliant les forces, — l'homme partout et toujours responsable devant sa conscience et devant Dieu : voilà les idées au service desquelles M. Jules Simon a vécu.

Telles sont les clientes auxquelles il a prodigué jusqu'à la dernière heure ses forces et sa vie. Philosophe, écrivain, homme d'État, il leur a tout donné et ne leur a rien demandé. Il n'a reçu d'elles et n'a laissé après lui que l'honneur de les avoir défendues.

A ceux que la fortune a comblés, la postérité peut faire attendre les éloges; aux dévouements qui se sont sacrifiés, l'hommage est dû sans retard. Témoins de la lutte et du désintéressement, les contemporains, il faut qu'ils le sachent, ont contracté une dette. Ils ont pu l'oublier, distraits par le spectacle de la vie. La mort en fait sonner l'échéance.

On se recueille, on se souvient, on mesure l'œuvre tout entière et on demeure confus de remords et de respect en découvrant la place que tenaient au milieu de nous, pendant un demi-siècle, l'intelligence et le cœur du confrère illustre que nous avons perdu.

M. Jules Simon est né à Lorient 27 décembre 1814. Sa mère était Bretonne. Son père était de Lorraine ; il s'était battu à Jemmapes, puis avait quitté le service militaire et était venu s'établir sur les côtes du Morbihan. L'enfant fut élevé dans le double attachement au sol natal et à la grande patrie française, Breton par la foi en l'idéal, lutteur d'avant-garde comme un Lorrain, mais conservant toujours dans son cœur le trait commun de ces deux fortes races : la fidélité aux idées et aux souvenirs.

De sa première enfance, nous n'avons qu'un tableau assez effacé : nous n'en connaissons, à vrai dire, que le cadre.

C'est un paysage doux et triste, comme

les landes de bruyère et de genêts; rien d'imprévu, la vie s'écoulant dans un village au milieu d'occupations et de distractions régulières, près du verger et de la vieille église, entre son père taciturne, M. le Recteur qui lui apprenait le latin et sa mère qu'il adorait et qui passait sa vie à soigner les malades et les pauvres. Il quitta cette existence d'un autre âge pour aller à la ville faire ses classes au collège de Lorient : il y trouva des maîtres aussi vieux que les méthodes. « J'ai fait mes classes, il y a cent cinquante ans », avait-il coutume de dire. Il n'avait pas quatorze ans, quand eut lieu le premier événement de sa vie. Il venait d'achever sa quatrième. Les ressources manquaient au logis. Son père lui déclara qu'il allait être placé en apprentissage chez un horloger. Il supplia et obtint un sursis. Sa mère fit un sacrifice : à la fin de sa troisième au collège de Vannes, il remporta tous les prix; mais que pouvait-on espérer? Un nouvel effort était impossible. Il alla trouver le professeur de rhétorique et lui demanda pourquoi un élève de seconde ne pourrait pas, comme les rhétoriciens, donner quelques leçons. Il fit si bien que le professeur le plaça chez une veuve qui tenait la pension des enfants de chœur; il les instruirait quand l'abbé serait malade ou empêché; il donnait des leçons à trois francs par mois; bientôt il en eut huit et put presque acquitter sa pension. A la fin de l'année scolaire, à la suite d'un concours entre les collèges de Bretagne, ses succès furent tels que le Conseil général lui accorda une allocation de 200 francs. C'était la fortune : du même coup il put payer une dette de 10 francs à sa logeuse, renouveler ses vêtements, et surtout acheter des livres.

A l'heure où s'achevait sa rhétorique, c'était un grand et pâle jeune homme, timide, de figure très agréable, encadrée d'une abondante chevelure noire frisant naturellement, attirant vers lui la sympathie, aimé et déjà respecté de ses condisciples, ayant à leur contact nourri son imagination de tous les récits de la Vendée, sentant en lui un feu intérieur qui couvait, rêvant de grandes choses, et cherchant ce qu'il pouvait faire pour satisfaire le besoin de se donner. Une lettre a été retrouvée récemment, plus précise qu'aucune page de mémoires. Elle est adressée à sa sœur : il lui annonce sa résolution de se vouer au service de Dieu, non pour devenir recteur en une paroisse de Bretagne ou professeur dans un séminaire, mais afin d'être missionnaire, d'aller porter l'Évangile aux infidèles et de faire le sacrifice de sa vie, le seul qui lui parût proportionné à sa foi.

Comment en fut-il détourné? Ébloui de ses succès, il se laissa attirer vers la carrière universitaire. C'est ainsi qu'il se trouva jeté tout à coup, à dix-neuf ans, sur les bancs de l'École normale.

Sa première année d'école fut très triste : il était isolé; il doutait de lui-même. Au jeune homme plein d'illusions, se croyant capable de tout et à la veille de tout savoir, ses maîtres disaient qu'il avait tout à apprendre. Heureusement cette humiliation qui causait ses souffrances leur servit de remède. Au lieu de se perdre dans les rêves, il s'acharna au travail. La peur d'être relégué parmi les médiocres lui fit faire des prodiges et, à la fin de la première année, les pronostics pessimistes recevaient le plus éclatant démenti.

Il entrait en seconde année ayant conquis son rang. L'heure des découragements était passée. Il étudiait, écoutait, pensait; il causait beaucoup avec ses professeurs : Guigniaut, Rinn, Nisard ; il interrogeait le sage Damiron, mais il réservait pour deux d'entre eux ses enthousiasmes. Il n'y avait, a-t-il dit, que deux maîtres à l'école : Cousin et Michelet. »

— « Nos imaginations étaient pleines de ces deux hommes. En entendant Michelet, nous étions comme des voyageurs qu'on aurait transportés tout d'un coup sur un sommet d'où se découvrent des espaces immenses. Sa parole nous faisait goûter l'une après l'autre toutes les joies de la pensée. Tout ce qu'il décrivait, on le voyait. Toutes les émotions qui l'agitaient, nous les ressentions. Je n'avais rien entendu ni rêvé de pareil. »

Les normaliens de deuxième année étaient ravis et passionnés. Michelet eût exercé sur les jeunes gens une influence sans rivale si, pendant la troisième année, ils ne s'étaient trouvés en présence de Cousin. Émerveillés de l'historien, ils étaient éblouis et subjugués par le philosophe : il s'emparait de leur intelligence; il leur decouvrait Aristote et Platon, les élevait à une hauteur qui leur donnait le vertige; la métaphysique interprétée avec cette éloquence produisait sur leurs âmes exactement le même effet que la poésie la plus sublime. Sa leçon du dimanche était attendue avec impatience : après la philosophie, il parlait de tout. « C'était alors une suite d'aperçus variés, nouveaux, merveilleux, de comparaisons, de rapprochements, de tableaux, d'anecdotes; jamais, je crois, on n'a vu, ni on ne verra, dans la conversation d'un homme, une telle abondance de belles choses. La leçon, commencée à huit heures, devait durer une heure et demie : nous étions encore là à une heure. Il prenait son chapeau tout à coup et me disait : « Venez au Luxembourg ». Par parenthèse, je me passais de dîner. Une fois au Luxembourg, il recommençait pour moi tout seul. Je crois qu'il oubliait souvent à qui il parlait, qu'il se parlait à lui-même. Il était, à la lettre, infatigable, aussi maître de lui et avec une voix aussi forte, au bout de trois ou quatre heures.... Nous aurions dû l'adorer, mais il y avait un je ne sais quoi qui écartait l'amitié. Je crois que c'était la peur ; pour notre admiration, elle était sans bornes[1]. »

A vingt-deux ans, l'élève de l'École normale, devenu agrégé, partait pour Caen où il allait professer la philosophie. Vivant assez solitaire, partagé entre les débuts de son cours qui l'inquiétaient un peu et ses études qui le charmaient, il profita du calme de la

1. *Victor Cousin*, p. 86.

vie de province pour commencer un long travail. Il correspondait avec son maître. Deux ou trois élèves préférés jouissaient seuls de ce privilège. « M. Cousin, dit-il, ne se bornait pas à donner le goût du travail, il était toujours prêt à indiquer des sources, à fournir des idées, même à lire des manuscrits et à montrer comment il fallait les refondre pour les rendre dignes d'être publiés. Il était en France une sorte de professeur universel.... Il aimait passionnément le talent et la philosophie,... il allait vous chercher lui-même ; il vous secouait, il vous forçait au travail. En un mot c'était un maître ; et quel maître! Je trouve à présent que nous n'étions pas reconnaissants autant que nous l'aurions dû. Les petits côtés nous cachaient les grands [1]. »

Dans cette correspondance, jamais lettre ne parut à M. Jules Simon plus éloquente qu'un billet de trois lignes lui enjoignant, le

1. *Victor Cousin*, p. 91, 115 et *passim*.

3 janvier 1838, de venir sur-le-champ à Versailles où il était nommé professeur. Il devait y passer un an. Ce fut, il l'a dit souvent, la plus belle année de sa vie. Un cours de philosophie qui l'initiait à la parole publique, des relations de plus en plus fréquentes avec M. Cousin, la collaboration avec son maître, leurs rendez-vous à la Sorbonne, ses visites chez lui à Sèvres, le séjour à Versailles de M. Cousin qui l'introduisit dans le salon de la princesse Belgiojoso, la rencontre pour la première fois de M. Thiers et de M. Mignet laissèrent dans son esprit des souvenirs qui ne devaient pas s'effacer.

Dans ce ciel pur, il y eut des nuages. L'amitié, comme l'amour, comporte des drames.

Ceux qu'aimait Cousin, il entendait les absorber ; M. Jules Simon était résolu à garder son indépendance. Platon fut cause du premier choc : à Caen, M. Jules Simon avait commencé la traduction du *Timée*. A son arrivée à Paris, Cousin la lui demanda :

le jeune professeur fut transporté de reconnaissance. Chaque samedi, il venait coucher à la Sorbonne, apportant le travail de la semaine qui prenait aussitôt le chemin de l'imprimerie. Quelque temps après le dernier bon à tirer, « j'arrivais chez lui, dit-il, à l'heure accoutumée. Je le vois encore : il était sur son échelle dans sa bibliothèque. Il se hâta de descendre pour me donner la main avec son affabilité ordinaire. « Comment vous « portez-vous ? lui dis-je. — Assez mal, me « dit-il. Je suis fatigué. On ne saura jamais « combien cette traduction du *Timée* m'a fati- « gué. » Puis, se rappelant tout à coup à qui il parlait : « Mais, si fait, ajouta-t-il avec le « plus grand sans-froid, vous le savez aussi « bien que moi [1]. »

Le coup était porté et la blessure fut durable. Il était de plus en plus résolu à ne pas se livrer ; il voulait bien se dévouer, mais non abdiquer. C'est ainsi que parmi les

1. *Revue de Famille*, 1er mars 1893, p. 468.

disciples de Cousin se dessina dès lors une division en deux groupes : Saisset et Barthélemy Saint-Hilaire, pour ne parler que des morts, qui se confondaient et se laissaient absorber dans la personne du maître ; Jules Simon et son ami Jacques, « qui n'étaient pas des révoltés, encore moins des ingrats », mais qui étaient « des disciples un peu étouffés, en quête de liberté et d'indépendance[1] ». A la différence de Jacques, ses démêlés ne furent jamais une rupture. En une seule année, l'année 1839, Cousin multipliait les témoignages d'estime : il choisissait pour son suppléant à la Faculté des lettres le traducteur du *Timée* et peu après il le nommait maître de conférences à l'École normale.

Il avait vingt-cinq ans, lorsqu'il montait pour la première fois dans la chaire de la Sorbonne qu'avait illustrée son maître. Il devait l'occuper douze ans. Il avait la science,

1. *Victor Cousin*, p. 153.

une facilité de parole sous laquelle perçait l'éloquence ; il possédait tous les dons naturels : la force de la pensée, la mémoire, l'émotion, une voix qui traduisait tous les sentiments de l'âme et, pour tout animer, la foi ardente de la jeunesse. En peu de temps, les élèves pressés dans la salle proclamaient que la Sorbonne comptait un nouvel orateur.

Son enseignement de l'École normale était plus intime. Il s'abandonnait davantage aux inspirations du moment. Plein des souvenirs du maître qui avait éveillé et dominé son esprit, il lui arrivait de commencer avec lenteur et comme s'il avait quelque peine à soutenir sa voix; mais, aussitôt entré dans son sujet qu'il avait très solidement préparé, les souvenirs, les idées, les observations neuves et fines lui coulaient des lèvres.

Il est très malaisé de rendre la vie à un cours : nul ne peut à un demi-siècle de distance en faire sentir le charme. De toutes les formes de l'éloquence, celle du professeur est la plus insaisissable : le barreau, la tribune, la chaire ecclésiastique conservent plus ou moins les échos de la parole publique. L'enseignement ne communique que très faiblement au lecteur, à travers le temps, une émotion oratoire. Il possède en lui-même une autre vertu : il prépare et suscite à la fois des disciples et des livres. C'est aux élèves de M. Jules Simon qu'il appartient de dire ce qu'il a été et ce qu'ils lui ont dû ; c'est à leur souvenir que je fais appel, et ceux qui m'entendent en ce moment peuvent seuls, en évoquant leur jeunesse, attester que, longtemps avant nos contemporains, leurs applaudissements avaient deviné chez le jeune homme inconnu la veille un maître de l'art oratoire.

Il est d'autres témoins, non moins irrécusables. Ses livres confirmèrent au dehors ce que proclamaient ses disciples. M. Jules Simon a laissé un nombre prodigieux d'ouvrages ; il a écrit sur la philosophie, sur la politique et sur la morale. D'autres jugeront et compareront l'ensemble de ses œuvres. Nous voulons ici leur assigner une date et les rattacher à chaque époque de sa vie. Les travaux philosophiques furent son début. Sa thèse de doctorat consacrée au commentaire de Proclus sur le *Timée* l'introduisit au milieu des philosophes de l'École d'Alexandrie. Il voulut en écrire l'histoire.

C'était un merveilleux sujet d'étude : l'antiquité avait eu ses maîtres et ses doctrines : ils s'étaient succédé suivant un développement naturel, façonnant l'âme de la Grèce et de Rome. Philosophes et sophistes avaient fait le tour de l'intelligence de l'homme, en épuisant tous les systèmes ; de leur échec était né le scepticisme, ce découragement de l'esprit. Les sages de la nouvelle école tentèrent de réagir contre cette abdication. Ce qu'ils avaient de foi les porta vers le mysticisme, ce qu'ils avaient de critique donna naissance à l'éclectisme. L'École d'Alexandrie était un miroir d'une fidélité absolue qui reflétait tout ce qu'avait pensé l'homme, non seulement en Grèce depuis six siècles, mais dans les philosophies, les religions, et les cosmogonies orientales. Une érudition universelle, des vues élevées, la rencontre des principes les plus divers, ce que M. Villemain a éloquemment appelé le dernier rendez-vous de l'antiquité, tel était le champ d'une incomparable étendue qui s'offrait au jeune philosophe. De ce poste d'observation, sa vue pouvait embrasser l'horizon des siècles et contempler tout le développement de la pensée humaine. Le regard de M. Jules Simon était assez pénétrant pour que le tableau réunît toutes les qualités d'un maître : le dessin en était ferme, les contours précis, les couleurs vives, les oppositions heureuses et l'imagination du jeune écrivain contenue par l'étude s'échappait dans une juste mesure, éclairant les jugements et n'en altérant jamais la rectitude. Érudit sans sécheresse, profond sans obscurité, analyste précis, et juge sévère, le philosophe termine ses deux volumes par une conclusion mettant chaque homme et chaque système à sa place, fixant les rapports des Alexandrins et du Christianisme et prononçant un jugement définitif sur le mélange de vérité et d'erreur qui explique l'influence et rendait inévitable la chute de l'École d'Alexandrie.

Le succès fut très grand. C'était pour une vie de philosophe un début du plus brillant augure ; ce fut, par le fait, son dernier ouvrage de pure philosophie.

La politique l'attirait. Il avait en lui tout ce qui dispose à la vie publique. Dès sa première jeunesse, il s'y était senti porté. La révolution de 1830 avait produit dans l'âme du rhétoricien de Vannes une secousse. Confident des récits de la Vendée, il avait vu tout d'un coup se produire une nouvelle explosion. Les bleus triomphaient; les fils de chouans étaient consternés; aux cris de joie répondaient des violences ; aux crimes, des représailles. Dans cette effervescence soudaine des deux partis, qu'allait faire un jeune homme de seize ans ? Ce qu'il fit toute sa vie : il se jeta entre les combattants, prêchant la paix et la justice.

Quel est celui d'entre nous qui n'a lu l'affaire Nayl, ce chef-d'œuvre, en cinquante pages, qui unit tous les mérites de l'imagination et de la réalité? Qui ne se souvient de ces passions si bien décrites, de cette Bretagne de 1831 ardente et émue, de ces entraînements qui expliquent jusqu'aux crimes judiciaires? Ces souvenirs devaient laisser dans le cœur de Jules Simon une empreinte ineffaçable.

Trois ans après, il était à Paris : il avait horreur de l'esprit de parti et des haines politiques. Poursuivant un idéal, il s'élança, avec la fougue de la jeunesse, vers ceux qui, n'ayant recueilli aucun profit personnel de la révolution, lui semblaient porter seuls le drapeau de l'indépendance et de la liberté. Rêvant la République, il était attiré par Armand Carrel; aux jours de sortie, il quittait l'École pour aller le voir au *National*. Le lendemain du duel, il s'était échappé pour courir à Saint-Mandé chercher des nouvelles; il n'oublia jamais qu'en rapportant à l'École le bulletin désespéré, il avait vu le moins républicain de ses professeurs, M. Cousin, lui-même verser des larmes. Cette mort, qui fut, pour la jeunesse, un deuil public, causa à Jules Simon une douleur telle que cinquante années après, nul dans la presse française ne sut exprimer plus éloquemment ce qu'avait été l'attachement de la jeunesse pour Carrel.

Ne se laissant absorber ni par ses études, ni plus tard par ses cours ou par ses livres, il trouvait le temps d'écrire en secret dans les journaux et brûlait d'affronter, aussitôt qu'il le pourrait, les orages de la vie publique.

En 1846 et en 1847, M. Jules Simon se présenta deux fois dans les Côtes-du-Nord. Le gouvernement le combattit. L'opposition lui préféra de vieux candidats sans titres. Les partis, en notre siècle, n'ont jamais compris que la politique est et restera en tous temps l'art de faire des recrues, de convaincre les hésitants et de les rallier.

La Révolution de 1848 le trouva prêt. Les électeurs des Côtes-du-Nord l'envoyèrent cette fois à l'Assemblée nationale. Il y apportait ses convictions républicaines; mais il n'avait pas toléré l'équivoque. Dans sa proclamation aux électeurs, on ne lisait ni flatteries au peuple, ni vagues espérances de réformes sociales : il disait ce qu'il voulait et ce qu'il ne voulait pas. M. Jules Simon, il y a peu d'années, recherchait ses premières proclamations aux électeurs. Il était impatient de répondre à je ne sais quelle calomnie en les réimprimant. « Tout y est, disait-il. Je m'en souviens bien. Elles contiennent ce que je pense depuis un demi-siècle! » Quand il parvint à retrouver ces vieux et fidèles témoins, sa joie fut vive.

« Association, rapports équitables du capital et du travail, disait-il en mars 1848, voilà la sagesse. Destruction de la propriété, communisme, voilà le crime et le fléau! Le communisme n'était jusqu'ici qu'une vaine et criminelle utopie : aujourd'hui, il est un danger. Ce danger, je ne l'exagère point : il faut l'appeler par son nom et se déclarer hautement son ennemi. Il n'y a pas de société sans la propriété et sans la famille. La propriété est sacrée dans son principe, car c'est le principe social lui-même, et la propriété détruite, la famille est ébranlée. Toucher à la famille, c'est outrager du même coup Dieu, la nature et la justice.

« J'ai le droit de dire hautement que je défendrai à l'avenir le principe de la liberté religieuse, parce que je l'ai défendu toute ma vie. J'ai lutté contre l'intolérance et je suis prêt à recommencer le combat, si jamais l'intolérance doit renaître. En combattant l'intolérance, je crois combattre pour la religion, pour la liberté de conscience : aucun homme ne se mettra jamais, moi vivant, entre Dieu et la conscience de mes frères. On aura beau me traiter en ennemi de la religion[1], on ne m'empêchera pas, si jamais la religion est menacée, de me dévouer pour elle. La liberté de conscience, la liberté de penser n'est pas seulement une de nos libertés, c'est la source et la condition de toutes les autres. »

C'était la profession de foi de toute sa vie. Il devait y demeurer invariablement fidèle. Il le fut, dès le début, en se donnant tout entier. Il combattit l'émeute sous toutes ses formes, comme législateur et comme soldat. Il proposa de dissoudre les ateliers nationaux et de rouvrir les ateliers privés, en venant au secours de l'industrie. Pendant l'insurrection de juin, il monta, avec la troupe et la garde nationale, sur les barricades de la rue Saint-Antoine et pénétra un des premiers dans le faubourg. Après avoir défendu l'ordre au péril de sa vie, il reprit les travaux législatifs et attacha son nom au projet de loi sur l'enseignement primaire.

1. Il faisait allusion aux récentes querelles du Clergé et de l'Université dont il avait été victime.

Auteur d'un rapport sur la loi organique qui est un monument, mêlé à toutes les discussions qui eurent lieu, dans les comités, dans les commissions et à la tribune, il sut concilier les intérêts de la liberté et ceux de l'enseignement.

Appelé par la Constituante en 1849 à faire partie du Conseil d'État, il y demeura peu de temps, et ne fut pas réélu à la Législative. Il partagea dès lors sa vie entre les journaux où il écrivait de plus en plus et son cours sur la morale de Platon.

Le coup d'État le trouva à la Sorbonne. A la première leçon qui suivit le 2 Décembre, la salle était comble; il n'y avait plus de feuilles publiques pour imprimer ses paroles : mais elles se gravèrent dans les mémoires; nul de ceux qui les entendirent ce jour-là n'en a perdu le souvenir : « Messieurs, dit-il, je suis ici professeur de morale. Je vous dois aujourd'hui, non une leçon, mais un exemple. Le droit vient d'être publiquement violé par celui qui avait la charge de le défendre. La France doit dire demain dans ses comices si elle approuve cette violation du droit ou si elle la condamne. N'y eût-il dans les urnes qu'un seul bulletin pour prononcer la condamnation, je le revendique d'avance, il sera de moi. » Les applaudissements éclatèrent, il eut peine à obtenir un instant de silence. « Je prends, reprit-il, vos applaudissements pour un serment. Si jamais vous pactisez avec le crime pour avoir votre part dans le bénéfice, souvenez-vous que vous serez des parjures! » Les assistants se précipitèrent vers lui : on voulut le porter en triomphe. On le suivit jusqu'au quai où il put échapper à l'ovation. Le lendemain il était destitué.

Non seulement la Faculté des lettres et l'École normale lui manquaient à la fois, mais sa plume de journaliste était brisée. Il allait retrouver la gêne qu'il avait connue dans son enfance et qui l'avait accompagné dans sa jeunesse. Il devait refaire sa vie, chercher sa voie, publier des livres. Mais quel sujet traiter?

Par la philosophie, il ne pouvait qu'agir lentement sur les esprits. Il avait hâte d'agir sur les volontés. La métaphysique s'adressait à l'élite. Il sentait le besoin de s'adresser directement au citoyen, à la foule. « Le monde n'a pas le goût des abstractions, il n'a pas le temps de les approfondir et s'en détourne avec dédain. » « Il faut, dit-il, que la philosophie se montre à l'homme, par son côté utile, qu'au lieu de faire attendre ses conclusions, elle les proclame d'abord; qu'elle en fasse toucher au doigt l'importance, l'urgence; qu'elle laisse le bagage des termes inintelligibles, des discussions d'écoles, des questions insolubles. Elle y gagnera. Elle n'est pas faite pour être une science de collège, puisqu'elle est la science même de la vie. N'est-ce pas une contradiction d'avoir le besoin, le droit, le devoir d'agiter tous les problèmes dont le présent et l'avenir de la société dépendent et de se rendre systématiquement inutile en s'isolant, en se perdant dans des recherches historiques, dans des minuties psychologiques, dans de prétendues questions transcendantales sur l'origine et la légitimité de nos connaissances? Les philosophes se plaignent quelquefois de ne pas être écoutés. Pourquoi ne parlent-ils pas la seule langue que nous puissions et que nous voulions entendre[1]? »

Il prit pour sujet *le Devoir*. Il fit mieux qu'un livre, il exposa, sous ce titre, toute sa foi philosophique. « On ne peut croire au devoir, sans croire en même temps à Dieu, à la liberté, à l'immortalité. » Les plus grands, dans l'antiquité et de nos jours, avaient approfondi ce sujet; mais Cicéron, en considérant les devoirs dans leur ensemble, s'était attaché à leur objet; Kant avait scruté la nature du devoir. L'originalité du livre de M. Jules Simon, c'est de considérer dès le début l'homme, de ne voir que lui, d'établir

1. *Devoir*, p. 2 et 3.

solidement la démonstration de la liberté et de le montrer aussitôt, en plein combat, aux prises avec les passions. L'analyse psychologique que comporte ce plan, l'étude du cœur humain, cette lutte de l'homme libre avec les passions qui le détournent du devoir, donnent au livre un intérêt, aux réflexions une portée qui mirent d'emblée l'auteur au premier rang de nos moralistes. On tirerait de ce volume un choix de pensées qui ferait à lui seul la gloire d'un écrivain.

Dans cet ouvrage étaient en germe plusieurs livres. M. Jules Simon les avait devinés, il en avait conçu l'ordonnance; il les portait dans son cerveau, et, en même temps que se succédaient les éditeurs du *Devoir*, paraissaient, sous des titres divers, les développements d'une pensée toujours fidèle à elle-même.

Il avait établi que le devoir étant identique à la justice, c'est-à-dire à Dieu, il fallait avant tout l'honorer et le servir. Il voulut montrer que ce devoir s'impose à l'homme, quel que fût son culte. La *Religion naturelle* était à la fois une protestation contre les doctrines athées, une critique de toutes les formes du panthéisme, une attaque contre l'indifférence religieuse et le plus éclatant hommage à l'idée d'un Dieu personnel qui nous a créés, nous aime et nous récompensera suivant nos mérites.

Les trois ouvrages sur la Liberté de conscience, la Liberté civile et la Liberté politique se succédèrent à peu d'intervalle : ce sont en quelque sorte les trois chapitres d'un même livre; ils eurent un grand succès. En parler aujourd'hui comme il convient est difficile. Ils venaient à leur heure et n'ont pas conservé l'éternelle jeunesse d'une leçon de morale. Les événements ont changé le cadre. Ceux qui étaient jeunes de 1852 à 1860 se souviennent de l'apparition de ces livres et savent quel fut leur retentissement. Tout homme que blesse, comme une suprême injustice, une atteinte quelconque à la liberté, ira y puiser, suivant les temps, comme à une source, la foi qui console ou la force qui suscite la lutte.

Quels que fussent ses succès, M. Jules Simon ne sentait pas son existence pleine. Son intelligence était satisfaite. Il manquait à son cœur cette jouissance intime que donne le sentiment de l'action. La rencontre de Jean Dollfus fut un événement dans sa vie.

Il l'a racontée plus d'une fois dans ses discours, il y a fait allusion dans les entretiens familiers de sa vieillesse; son regard s'y attachait comme à un point lumineux qui avait éclairé sa route et pour ainsi dire illuminé son âme. Il avait toujours eu en lui la conception des souffrances humaines : les voir, les mesurer, les sentir par le contact en pénétrant dans la vie de l'atelier fut pour lui une révélation. Il embrassa passionnément cette étude qui excitait son intelligence, provoquait son imagination et soulevait son cœur. Il y trouva sa voie et sa vie. Il s'y donna tout entier, corps et âme, et il publia l'*Ouvrière*.

Rien de semblable n'avait été écrit. Ce n'était pas un livre d'économie politique, et les économistes y reconnaissaient la sûreté et la précision d'un observateur; ce n'était pas un livre de morale, et jamais on n'avait entendu un plus éloquent plaidoyer au nom de la mère, en faveur de la reconstitution de la famille; c'était encore moins un roman et tel était le talent que le lecteur entraîné et charmé le lisait comme un ouvrage d'imagination.

L'effet fut immense. On était las des revendications qui avaient fait retentir les échos révolutionnaires : le communisme et le droit au travail étaient vaincus. Remis d'une si chaude alerte, beaucoup de gens pensaient qu'il n'y avait rien à faire. Il se trouvait, comme toujours, des théoriciens fort écoutés de l'égoïsme qui conseillaient à la société de reprendre le sommeil interrompu. M. Jules Simon les réveilla. « Si chacun faisait son devoir, disait dernièrement un ennemi du socialisme, il n'y aurait pas de question sociale. » Tout le livre était le développement de cette idée. L'auteur ne s'adressait pas aux travailleurs pour les exciter, il ne leur parlait pas d'un droit; il montrait aux patrons, aux riches, aux heureux de ce monde, des maux à réparer, des efforts à accomplir librement. Ennemi de toute utopie, il donne pour la première fois au progrès social une méthode : tout attendre de l'initiative individuelle, faire son éducation, enseigner l'art de multiplier les forces en s'associant, agir par soi-même au grand profit des mœurs publiques et privées, apprendre aux hommes à user de la liberté, surtout ne pas demander à l'État une ingérence qui absorbe et paralyse, voilà les maximes dont quarante années d'épreuves n'ont assurément altéré, parmi nous, ni la vérité, ni la force !

Le but qu'il poursuit était non moins précis. Le logement hideux est le pour voyeur du cabaret, il éloigne le père, décourage la mère, asphyxie les enfants, détruit le foyer domestique et anéantit la famille. Il faut que les capitaux et les sociétés privées entreprennent l'amélioration des logements ouvriers et que, dans un nid attrayant, dans une de ces petites maisons avec jardin comme à Mulhouse, la famille se reconstitue, au grand profit des mœurs et de la santé.

La vie est chère, le chômage, la maladie, la vieillesse menacent les ouvriers. Il faut que des caisses d'épargne et de retraites, des sociétés de secours mutuels, des sociétés de consommation groupent les efforts, abaissent les prix et préparent à tous ces maux des remèdes pratiques.

Dans les misères de l'ouvrier, qui peut nier la place que tient l'ignorance? La société doit aider à multiplier les écoles et les bibliothèques.

Ainsi, l'enseignement répandu, l'habitation assainie, l'association améliorant les conditions de la vie, voilà les réformes principales que suggérait M. Jules Simon, et, à l'appui de ces conclusions, que d'idées! que d'observations! quels exemples à suivre! que de fautes à éviter! son enquête avait porté sur l'est et sur le nord de la France. Il avait étudié l'Alsace avec Jean Dollfus, il avait vu avec admiration les œuvres que les grands patrons français de la vallée du Rhin avaient conçues pour protéger la vie et améliorer la condition morale et matérielle de l'ouvrier. Il avait visité la Lorraine, séjourné à Lyon; il était allé de ville en ville, parcourant la Belgique, puis l'Angleterre, entrant dans les ateliers, les manufactures, interrogeant les maîtres et les ouvriers, examinant leurs logements, montant dans leurs mansardes, ne se bornant pas à recueillir les renseignements, mais voulant tout contrôler par lui-même. Un jour, il venait de parcourir les « courettes » de Lille; on lui affirmait que, depuis Villermé, il n'y avait plus de caves habitées; il voulut s'en assurer, souleva une planche au milieu du trottoir, s'engagea dans un escalier sombre et fit une terrible chute; il fut relevé, la jambe cassée, par toute une famille qui habitait la cave. Il demeura six semaines à Lille, mais, lorsqu'il partit, il se plaisait à dire qu'il emportait une observation précise et un souvenir qui ne s'effacerait pas.

En étudiant la vie de l'ouvrier, en visitant l'intérieur de la famille, il n'avait cessé de regarder l'enfant. Le rapporteur de la loi d'enseignement primaire avait pensé de tout temps à l'écolier : il ne s'attendait pas à le rencontrer dans tous les ateliers, écrasé de travail, arrêté dans sa croissance, gêné dans son développement et victime de la cupidité de ses parents. Il poussa un cri d'alarme, peignit les misères physiques de l' « ouvrier de huit ans » et demanda qu'une loi protectrice, votée par la Chambre des pairs en 1847, fût reprise après vingt ans d'oubli. Il fallut une révolution nouvelle et sept ans d'efforts pour qu'en 1874, grâce à l'Assemblée nationale, la loi qu'il appelait de ses vœux fût enfin promulguée.

Ni ses enquêtes, ni ses voyages, ni ses livres de morale ne l'éloignaient de la politique : tout, au contraire, l'y ramenait. Il pensait sans cesse aux réformes nécessaires, à l'action que, pour les obtenir, exercerait sa parole. En dehors de la liberté, tout lui semblait impuissance ou caprice. Il vivait en étroite intimité avec les esprits les plus distingués de son temps et partageait leurs sentiments. Ce qu'éprouvaient M. Guizot comme M. Thiers, M. de Montalembert comme M. Dufaure, M. Berryer comme M. de Montalivet, ce n'était pas, ainsi que le prétendait l'esprit de parti, la nostalgie du pouvoir; ceux qui ont eu l'honneur de les approcher peuvent l'attester devant l'histoire : leurs alarmes ne venaient pas de leur ambition déçue; leurs regards portaient plus haut et plus loin : ils vivaient sous l'obsession d'une idée fixe; ils étaient convaincus que les fautes de l'Empire menaient à un abaissement de la France et à un bouleversement de l'Europe ; ils voyaient l'invasion ; ils la prédisaient aux jeunes gens ; ils maudissaient la politique extérieure qui la préparait ; ils sentaient le besoin d'avertir leurs concitoyens. M. Jules Simon croyait moins au péril extérieur ; la direction de ses études et son langage s'en ressentaient ; mais, en revanche, il voyait de plus près l'état du peuple, il pressentait les dangers du lendemain, constatait que, sans liberté, l'éducation des mœurs publiques était impossible, et, comme ses amis, il se sentait étouffer dans une atmosphère de silence.

Mais comment faire cette éducation le jour où la liberté serait recouvrée, s'il n'existait pas déjà une génération prête à s'en servir ? La préparer d'avance, la dresser à l'effort nécessaire était l'idée fixe de M. Jules Simon. Il réunissait autour de lui les jeunes gens pour étudier la situation des ouvriers et les mesures qu'elle comportait. C'était un bataillon d'élite dont les soldats étaient animés de la plus généreuse ardeur. Il les envoyait dans les faubourgs, les accompagnait, leur donnait des missions en France et à l'étranger, recevait leurs rapports, leur montrait les réformes à accomplir et faisait pénétrer chez ces jeunes intelligences avec l'habitude de l'observation réfléchie, la volonté d'agir pour le bien qui fait les citoyens dévoués et qui était dans sa pensée la condition même de la liberté.

Les élections de 1863, en faisant entrer à la fois au Corps législatif M. Thiers, M. Berryer et M. Jules Simon, semblèrent une délivrance de la pensée. La France allait retrouver la parole, la tribune ses gloires.

Pendant que M. Thiers réclamait les libertés nécessaires et prononçait ses discours prophétiques sur l'état de l'Europe, M. Jules Simon prenait le premier rang dans les discussions : liberté de la presse, franchises électorales, instruction primaire, enseignement supérieur, traités de commerce, lois de principes et lois d'affaires étaient discutés avec autant de compétence que d'autorité.

Son talent parut alors une révélation : les universitaires le connaissaient bien; mais, pour la masse, M. Jules Simon était surtout un écrivain; elle découvrait tout d'un coup un orateur et chaque jour elle voyait croître sa renommée. Sa parole charmait ses auditeurs : la flexibilité de sa voix, l'habileté à ménager les effets, ses accents tantôt doux, tantôt graves exerçant une impression d'autant plus profonde que par moments leur éclat inattendu surprenait davantage, un art contenu qui donnait au geste une mesure, à l'action oratoire une harmonie parfaite, tout contribuait à faire de M. Jules Simon un orateur incomparable. Telle était la perfection de la forme que les adversaires en quête de critiques auraient voulu le faire passer pour un professeur cherchant des effets en sa chaire de rhétorique; mais la solidité du fond les désarmait. Comment répéter qu'il n'était qu'un admirable artiste quand, chaque jour, on se trouvait en présence de discours fortement préparés, assis sur des documents inattaquables qui étaient le produit d'une pensée toujours profonde servie par un labeur immense? Il ne parlait que de ce qu'il savait, ce qui est, auprès des hommes, le secret de l'autorité. Quand on le voyait gravir la tribune, on était assuré qu'il y portait, non un morceau oratoire, mais des faits bien observés, une discussion précise et que le débat allait s'élever, l'horizon s'étendre, sans que jamais l'orateur perdît pied ou tombât dans la déclamation. Il excellait à invoquer à l'appui de sa thèse un souvenir, à conter une anecdote; ses récits, au milieu d'une discussion aride, reposaient. C'était un improvisateur admirable; il pensait beaucoup à son sujet, le creusait en tous sens; s'il s'agissait de chiffres, faisait et refaisait ses calculs, ne se lassant pas de vérifier les données et les textes, très soucieux d'exactitude et poussant ses recherches jusqu'au scrupule. Jamais il n'écrivait un passage, ni même une phrase de son discours. On n'était plus au temps de la Restauration où l'orateur lisait un manuscrit, et, d'ailleurs, sa mémoire, si sûre des faits, se serait refusée à lui conserver la forme de ce qu'il aurait écrit. A part l'ordre général, tout était spontané : de là une variété et une force, je ne sais quoi d'imprévu qui donnait une impression de vie et faisait frissonner l'auditoire.

En relisant ses harangues, à trente ans de distance, on demeure émerveillé du bon sens et de la mesure. Son discours sur le régime du travail, qui fut acclamé en 1864 par les ouvriers, prévoit et condamne chacun des excès du socialisme moderne. Il aurait pu le prononcer cet hiver au Sénat.

A la fin de la législature, il avait conquis une situation considérable. Il exerça la plus grande influence sur les élections de 1869. Il goûtait alors les joies de la popularité : il allait en connaître les douleurs.

Un instant, une évolution pacifique détourna l'attention vers d'autres hommes. Pendant trois mois, l'espoir traversa le monde politique. Pourrait-on éviter une révolution? Ce ne fut qu'un songe. Le réveil fut terrible. Tous les malheurs, tous les châtiments qui peuvent frapper une nation l'accablèrent à la fois. La patrie était en danger; le pouvoir était vacant. La France épouvantée se jeta dans les bras de ceux qui n'avaient jamais pactisé.

La catastrophe était horrible : c'était bien l'invasion que nos vieux hommes d'État avaient prévue. Il fallait lutter et rassembler contre le torrent victorieux toutes les forces d'un peuple surpris en pleine sécurité. M. Jules Simon fit partie du gouvernement improvisé auquel échut cette tâche, la plus lourde qui ait écrasé des hommes : il fit ce prodige de se montrer courageux sans croire au succès, énergique en envisageant au terme de ses efforts la défaite et la mort. Ministre de l'instruction publique, il ne pouvait penser à l'enseignement : il sortait de l'Hôtel de Ville pour aller présider la Commission des subsistances, visitait les magasins, mesurait les approvisionnements, calculait les consommations, faisait des miracles pour prolonger la résistance, visitait les postes et ne s'arrêtait un moment que pour contempler avec fierté, parmi les plus vaillants, les bataillons défilant en rangs serrés des mobiles bretons.

Libéral, il détestait l'anarchie. L'empêcher de naître et de triompher, soutenir les courages, lutter contre les fauteurs de guerre civile devant l'assiégeant qui la guettait, telle fut son œuvre pendant les cinq mois du siège de Paris. L'heure de l'histoire n'a pas encore sonné pour ceux qui ont pris part à ces luttes; elle approche, et déjà nous voyons la place qu'occupera, au-dessus des agités et des médiocres, ceux qui, dans une situation désespérée, sont demeurés comme lui obstinément fidèles à la modération.

En février 1871, M. Jules Simon était épuisé par six mois d'efforts. A force d'énergie calme, il venait à Bordeaux de faire plier devant lui les violents. Il songeait à reprendre sa vie de professeur, lorsqu'une dépêche lui apprit que la Marne l'avait envoyé à l'Assemblée nationale. Il n'avait pas eu le temps d'adresser ses remerciements à ses électeurs que M. Thiers l'appelait à faire partie de son cabinet en le chargeant de l'instruction publique.

C'est ainsi qu'il fut le seul ministre qui demeura près de trois années titulaire du même portefeuille. Mais quelles années! Que restait-il pour les réformes fécondes au milieu du grondement de l'invasion et du fracas bien autrement humiliant d'une guerre civile, la plus coupable qui fut jamais, de la Commune de Paris, qui gardera devant la postérité cette flétrissure d'avoir donné, au lendemain de nos défaites, à l'étranger victorieux le spectacle et la joie de la patrie en lambeaux?

Il se tint aux côtés de M. Thiers dans toutes ses luttes; condamné comme lui par les chefs de l'insurrection, il apprit que la demeure où il habitait depuis vingt-six ans, et où il devait mourir, était mise au pillage. Il était prêt à tout et ne connut pas une heure de défaillance,

L'Université était sa seconde patrie. L'ordre rétabli, il avait hâte de se dévouer à elle. Toutes les heures qu'il avait pu dérober aux conseils des ministres qui étaient depuis dix mois de vrais conseils de guerre, il les avait consacrées aux divers services de l'enseignement. Cela ne lui suffisait pas; il voulait faire mieux.

L'instruction primaire n'avait pas de plus ardent défenseur. L'auteur du rapport de 1849 n'avait cessé depuis vingt-deux ans d'étudier le mouvement qui emportait dans le même sens toutes les nations de l'Europe. Plus de lumière! le cri de Gœthe mourant était poussé par le monde civilisé. A la loi de 1833 qui lui semblait la plus belle du siècle, M. Jules Simon avait espéré ajouter la loi de 1849. Il reprit ses projets en 1871 et saisit, à la fin de cette année, l'Assemblée nationale d'une proposition organisant l'instruction obligatoire avec les ménagements que commandait la liberté de conscience. La majorité ne voulut même pas étudier le principe, sans prévoir les périls que lui faisait encourir un tel refus.

Impuissant à étendre, comme il l'eût voulu, l'instruction du peuple, il porta son ambition sur l'instruction secondaire : ses réflexions lui avaient depuis longtemps inspiré un plan de réformes. Il était grand partisan des études classiques ; mais il jugeait qu'elles étaient défendues par un esprit de routine qui menaçait de les étouffer. Il voulait rajeunir les méthodes, faire pénétrer plus d'air dans les classes fermées. Les exercices physiques dédaignés, la géographie à peine enseignée, les langues vivantes reléguées au dernier plan, la langue maternelle subordonnée aux langues mortes, telles étaient ses critiques. Il a été accusé d'avoir mutilé les études latines. Rien n'était plus faux. Ce n'était pas entre lui et la tradition classique que se livra la véritable lutte. Que tout homme soucieux d'accommoder les besoins nouveaux avec les vieilles qualités de notre race relise la *Réforme de l'enseignement secondaire*, et il verra avec quel bon sens M. Jules Simon se porte le défenseur de la véritable instruction et de ce couronnement des études qui développe chez l'homme les deux qualités maîtresses : le jugement et la volonté.

Il défendit l'Université sans montrer de haine, en fils dévoué, mais point en sectaire : il voulut réformer pour rajeunir, comme on coupe des branches à un vieil arbre pour lui rendre des forces ; il chercha à développer les études pour agrandir l'esprit, et pour offrir aux intelligences d'élite qui se cachent parmi des millions d'écoliers le moyen de sortir de la foule, de s'épanouir et d'apporter à la patrie la force de leur génie. Tel est le but suprême de l'enseignement. M. Jules Simon le montra en avril 1873, dans la salle de la Sorbonne, aux Sociétés savantes émerveillées, dans une harangue où il s'était plu à énumérer les progrès de l'enseignement supérieur et les hommes de génie qui honoraient la France. C'était à ses yeux la seule consolation qui fût permise à ceux qui pleuraient les deuils de la patrie.

Entre M. Jules Simon, défenseur de l'Université, partisan de l'établissement de la République et la majorité de l'Assemblée qui poursuivait de tout autres desseins, l'accord ne pouvait se prolonger. Sa retraite précéda de peu la chute de M. Thiers.

Il sortait de charge le cœur meurtri, avec des regrets patriotiques, mais sans colère comme sans remords, ayant la conscience qu'il avait défendu sa cause et servi son pays. La Commission d'enquête de l'Assemblée avait demandé à tous les membres du gouvernement de la Défense nationale une déposition; il était impatient de développer la sienne, en racontant tout ce qu'il savait. En 1874, il publia deux volumes sur *Les origines et la chute de l'Empire* et sur *Le siège de Paris*.

Les premières qualités de l'historien s'y trouvent : la précision et la vie; on n'y rencontre pas ces deux fléaux des mémoires : l'aigreur et la personnalité. Le lecteur éprouve une surprise : comment l'auteur mêlé à tant d'événements parle-t-il si rarement de lui? Comment ne se met-il pas en scène? Il aimait à se servir d'un mot de Montaigne : « Je ne suis pas un enlumineur de moi-même ». Ce n'est pas à lui, c'est à ses amis que fut due la double élection qui fit de lui le même jour, à la même heure, un membre de l'Académie française et un sénateur inamovible. Il avait une égale horreur des récriminations et des plaidoyers. La politique, à ses yeux, c'était le bien à faire son pays. Cette passion qui l'attachait aux idées passait bien au-dessus des personnes.

Aussi n'intervenait-il dans les discussions de l'Assemblée que pour atteindre un résultat et non pour le plaisir du débat. Il pressait l'Assemblée de sortir du provisoire, il discutait l'organisation du Sénat, le projet de loi municipale et les questions d'instruction publique; chacun de ses discours avait une solidité et un éclat qui accroissaient son autorité.

Lorsqu'il était sorti du ministère, M. Thiers lui avait écrit : « Vous serez un jour la ressource de ce pays dans la série des aventures qui peuvent l'attendre encore ». Le jour approchait où la prédiction allait se réaliser. En décembre 1876, il était chargé par le Maréchal de former un ministère. Le cabinet dura cinq mois, cinq mois de travail acharné, de luttes contre l'esprit de parti, de défense de ses convictions au service de l'ordre et de la liberté, d'efforts désespérés pour faire fonctionner en paix les rouages de la constitution nouvelle. La politique, comme le monde physique, est soumise aux lois de la pondération. Ni la démocratie dans son inexpérience, ni les chefs dans leurs illusions ne comprennent et ne tolèrent les contrepoids; M. Jules Simon s'usa à leur en démontrer la nécessité.

Son ministère fut un armistice : les deux partis avaient une égale impatience d'en venir aux mains; sa présence les gênait comme une perpétuelle transaction ; sa chute fut résolue : ce fut la droite qui prit l'offensive et qui fit écarter l'obstacle. Après avoir tenu au Sénat le langage le plus net, M. Jules Simon se refusa à descendre dans l'arène, ne voulant pas qu'on attribuât toute une politique à une blessure d'amour-propre. La bataille, on s'en souvient, fut terrible. Les plus ardents se jetèrent en avant. Il rentra simplement dans le rang pour combattre, dédaignant de rabaisser une lutte de principes au niveau d'une querelle de personnes. Les politiciens lui en firent un crime : il répondit que son calme « venait d'un certain orgueil qui n'était pas à la portée de toutes les intelligences ».

Quand la tourmente fut passée, on retrouva M. Jules Simon, sans rancune contre les hommes, sans colère d'ambition froissée, assis à son banc du Sénat, plus que jamais fidèle à ses convictions, prêt à les défendre, ne recherchant pas le bruit, résolu à demeurer, malgré les injustices, et les agressions des partis, la sentinelle vigilante de la liberté. Aux heures où la passion les emporte, les hommes ne pardonnent pas l'absence de haine : la sérénité du philosophe politique est un reproche vivant qui les blesse. On avait vu si souvent un tel accord entre le penseur et l'opinion populaire que ses ennemis l'avaient accusé d'être le courtisan de la popularité. Rien de plus injuste : il avait protesté contre le coup d'État, il avait préféré la pauvreté, non pour recueillir les acclamations de la jeunesse, mais pour obéir à sa conscience. Il allait lui faire un nouveau et bien autre sacrifice. Au moment où s'affermissait, avec la gauche triomphante, le gouvernement de son choix, au lendemain du jour où il était tombé victime de la droite, lui philosophe, champion de l'Université dans les luttes d'une vie entière, brisait avec la majorité des républicains parce que ceux-ci refusaient à ses adversaires la liberté religieuse. Considéré à la mesure ordinaire des ambitions humaines, ce courage qui lui semblait tout naturel, était de l'héroïsme. Ne lui suffisait-il pas de fermer les yeux sur une mesure qui ne blessait que les principes, sans lui porter une atteinte personnelle? Que lui importaient les droits des religieux, l'existence des congrégations? Les attaques dont il avait été abreuvé ne le dégageaient-elles pas? Devant de tels motifs, que de consciences auraient facilement capitulé! M. Jules Simon résista : il n'eut pas un moment d'hésitation : il sacrifia à la fois sa popularité dans les foules, sa situation au Sénat, les ambitions qu'il pouvait avoir, celles qu'avaient certainement pour lui ses amis.

En deux ans, il se prononça successivement contre l'article 7, contre les décrets d'expulsion, contre l'école neutre.

La première rencontre, celle qui devait décider de ses quinze dernières années, c'est-à-dire de la fin de sa vie politique, eut lieu en 1879. Le gouvernement avait proposé de déclarer incapable d'enseigner toute personne appartenant à une congrégation non autorisée. En quelques mois, la France s'était divisée en deux camps : toutes les passions que soulèvent en sens contraire les querelles religieuses avaient éclaté. La majorité de la Chambre avait voté le projet, et le Sénat était mis en demeure de le ratifier. Président de la Commission et bientôt rapporteur, M. Jules Simon porta le poids et prit la responsabilité tout entière de la résistance : sa démonstration était éclatante.

Une déchéance prononcée contre une catégorie d'individus, c'est le renversement du droit, la négation de toute liberté. Ce n'est pas seulement la liberté d'enseignement méconnue, « la liberté de penser, écrivait-il, est atteinte : elle n'est pas le droit abstrait d'avoir une opinion à soi dans le secret de sa conscience : celle-là, personne ne peut nous la ravir, ce n'est pas pour celle-là que les martyrs sont morts et que les révolutions ont triomphé ; c'est pour la liberté répandue au dehors par la parole et par le livre. Qui doit le comprendre mieux que la République? Le premier mot de sa devise est Liberté. La République ne peut ni peser sur ma conscience, ni disposer de celle de mon fils. » Ce qu'avait commencé son rapport, véritable modèle de réfutation, la discussion l'acheva. Son discours au Sénat fut un acte d'accusation contre toute une politique : « Vous faites, dit-il, ce qu'ont fait de tous temps les gouvernements qui n'ont pas le sentiment de la liberté. Vous croyez par la proscription venir à bout des doctrines? Eh bien! non, on ne vient pas à bout des doctrines par la proscription, mais par des discussions et par des démonstrations. »

M. Dufaure et M. Jules Simon entraînèrent le centre du Sénat et triomphèrent ce jour-là de ce qu'ils avaient combattu toute leur vie, de ce qu'ils croyaient le plus funeste à une nation, des vieilles maximes autoritaires et jacobines.

Elles devaient prendre leur revanche, en inspirant dès le lendemain des mesures de colère. Au Sénat qui refusait d'enlever un droit spécial aux membres des congrégations, les décrets du 29 mars répondirent en niant à ces congrégations le droit à la vie. M. Jules Simon soutint que les prétendues lois existantes n'existaient plus : il démontra que les décrets, illégaux en eux-mêmes, étaient impolitiques ; il assura qu'ils agiteraient gravement les esprits, provoqueraient des scènes de violences, sèmeraient des rancunes : il s'éleva contre ces mesures en employant tour à tour la plume et la parole. « Contre la politique aveugle et rétrograde de la haine, disait-il, j'en appelle à la politique de droit, de liberté et de progrès. »

Burke, jetant un regard en arrière sur ses longues luttes, résumait d'un mot toute sa vie : « J'ai toujours aimé la liberté des autres ». M. Jules Simon pouvait se rendre ce témoignage.

En défendant les congrégations, il avait défendu la liberté des autres. En attaquant l'école neutre, il se retrouvait chez lui, sur son terrain, il rentrait dans le cercle des études et des doctrines qui remplissaient ses livres. Il n'avait cessé de souhaiter l'instruction obligatoire, il ne s'en cachait pas, mais il voulait que le père de famille fût libre d'assurer à l'enfant l'école de son choix, et en aucun cas il n'admettait que l'école communale, fût-elle laïque, proscrivît de son enseignement l'idée de Dieu qui est le fond de toute morale. Une école neutre, c'est une école sans croyance. « La seule neutralité que la liberté accepte, avait-il coutume de dire, est la liberté du respect : croire et laisser croire. » Le jour vint où cette discussion, qui remplissait les journaux, éclata au Sénat. M. Jules Simon se leva et soutint qu'il fallait bannir toute équivoque, avoir la franchise de ses convictions et inscrire dans la loi que les maîtres enseigneraient à leurs élèves leurs devoirs envers Dieu et envers la patrie. Il pressait le Sénat d'affirmer, en écrivant le nom de Dieu, la morale tout entière; il lui montrait ceux qui avaient peur de le prononcer et, sa pensée devançant l'avenir, résumait ses prévisions en évoquant le langage des inspecteurs primaires disant aux maîtres après le vote de la loi : « A présent que l'école est neutre, gardez-vous de parler de Dieu, d'enseigner les devoirs envers Dieu! » Puis il revenait sur cette idée et résumait de nouveau sa pensée : « On nous dit de tous côtés : « Nous « n'attaquons pas Dieu ». Vous l'omettez. Cette omission entraîne tout avec elle, dans l'ordre de la réalité et dans l'ordre de la science. Elle déshonore le maître, elle annule l'enseignement, elle abaisse les lois humaines au rang de conventions arbitraires, elle supprime les lois éternelles, et ôte, en les supprimant, sa force à la volonté et sa lumière à la raison. » Il l'emporta en

1882, puis en 1883 le Sénat renouvelé lui donna tort.

Il ne se bornait pas à lutter contre des mesures néfastes; il avait hâte de réaliser les projets de toute sa vie. Son ambition était de fonder la liberté d'association, qui seule, à son sens, pouvait retremper les caractères, fortifier la vie publique et empêcher la démocratie de devenir tôt ou tard une tyrannie. Son rapport sur la proposition de M. Dufaure, déposé en 1882 au Sénat, est un monument de sagesse. Nul ne pourra se promettre de donner à la France cette liberté, indispensable à la vie des sociétés modernes, sans recourir à cette consultation législative, chef-d'œuvre de bon sens. Elles sont rares et fugitives les heures de l'histoire où les sages sont obéis, où les hommes d'État reconnus pour chefs sont des philosophes! Les passions d'alors étaient trop bruyantes pour laisser entendre la voix de la raison.

Il n'a pas réussi, disent les médiocres.

En présence de cette vie si pleine d'efforts désintéressés, répétons-le aux générations nouvelles si pressées de jouir et de juger, si affamées de résultats : la renommée n'a pas le succès pour mesure ; il n'y a que la grandeur des desseins qui fasse le grand homme et la droiture des intentions qui fasse l'homme de bien [1].

Quatre ans de luttes, quatre ans d'efforts vaillants et de constants échecs n'avaient pas lassé un seul jour M. Jules Simon. Il n'avait jamais eu plus de force ni déployé plus de talent : dans son action incessante, nulle trace de fatigue; mais son âme était épuisée de dégoût. Il avait vu, peu à peu, le vide se faire autour de lui, ceux qui se disaient ses disciples, qu'il avait crus dévoués à la liberté, l'avaient quitté quand il avait fallu choisir entre les satisfactions du pouvoir et l'esprit de sacrifice. Les amis qui se pressaient dans son cabinet, qui vivaient à

1. M. Jules Simon. Notice sur M. Guizot, 1883.

sa table en 1876, avaient été attirés successivement vers l'astre qui se levait à l'horizon. Pour excuser leur ingratitude, la majeure partie des disciples accusaient le maître. Oubliant ses livres, méconnaissant toute sa doctrine, ils faisaient grand bruit de sa désertion. Lui qui n'avait jamais cessé de défendre la liberté religieuse était signalé comme un nouveau converti, un traître à la démocratie : calomnies, diffamation, attaques de tous genres et de toutes formes, tout était bon pour le perdre. Il supportait tout sans se plaindre et sans dévier de sa route. Quelque fiers que fussent ses discours, quelque beaux que fussent ses livres, sa conduite en ces années de lutte demeure la plus belle page de sa vie. En aucune circonstance il n'a été plus véritablement philosophe. On ne saura jamais ce qu'il a souffert. Les ambitieux n'étaient pas seuls à s'éloigner de lui. Un des amis de sa jeunesse m'a fait, vers cette époque, un récit qui révèle tout. Il était son collègue, le rencontrait chaque jour au

Sénat et il lui était défendu de lui parler; s'approchait-il de lui, échangeait-il une parole ou un serrement de main, aussitôt il était assailli de questions et de reproches. Le pauvre homme était esclave et victime de son parti. Ses plaintes étaient une révélation; il était évident que M. Jules Simon avait été condamné et proscrit.

Devant cet ostracisme, M. Jules Simon, dont on affectait de prendre la modération pour une faiblesse, se redressa : il releva le défi. Ni ses discours, ni ses articles de plus en plus vifs et éloquents, ne suffisaient à décharger sa responsabilité. D'ailleurs il voulait tout dire. Ce n'était pas une ou deux mesures qu'il critiquait, c'était toute une méthode de gouvernement. Contre cette politique néfaste il lança un acte d'accusation. A ceux qui par faiblesse signaient, la mort dans l'âme, les pires capitulations, qui se rendaient aux sommations des violents, il adressait, en 1883, un avertissement mémorable :

« Vous avez combattu, contre eux, l'amnistie et vous l'avez faite. Vous avez combattu, contre eux, la transformation de nos tribunaux en commissions judiciaires, et vous êtes en train de la préparer de vos propres mains. Vous avez combattu, contre eux, l'affaiblissement systématique de notre armée par la diminution du temps de service, et vous voterez cette diminution. Vous avez combattu, contre eux, le rétablissement du divorce, et vous allez le voter. Vous avez combattu, contre eux, la guerre au christianisme, et vous la ferez, comme vous la faites déjà, sous leurs ordres. Vous combattez le prêtre, de peur qu'il ne soit clérical, et le philosophe spiritualiste, de peur qu'il ne ramène le prêtre. Vous avez commencé par laïciser l'école, et puis vous l'avez neutralisée. Vous confondez la négation des croyances avec la liberté de penser, qui est précisément tout le contraire. Vous abaissez le législateur, vous énervez le juge, vous supprimez le soldat; et c'est le moment que vous choisissez pour supprimer aussi les croyances. Vous les pourchassez jusque dans les campagnes, comme s'il vous fallait, après la Commune, des Jacqueries. C'est un étrange moyen de sauver et de régénérer la France[1]. »

Son langage était d'autant plus dur que, républicain et libéral, ses surprises avaient été plus douloureuses. « Nous voudrions, continue-t-il, faire aimer la République; vous pensez uniquement à la faire craindre. Nous voudrions la faire désirer, vous voulez qu'on la subisse. Nous tenons à donner de la sécurité, de la stabilité aux intérêts privés, à assurer l'indépendance des citoyens, à leur inspirer l'amour de l'indépendance, à leur en faciliter la pratique; à developper, à favoriser par tous les moyens l'esprit d'initiative et l'esprit d'association; vous êtes au contraire préoccupés de tout ce que vous appelez les droits de l'État et l'unité morale

1. *Dieu, Patrie, Liberté*. Introduction, p. 5.

de l'État. Vous allez jusqu'à craindre la diversité des croyances, sans vous apercevoir que, sous ce nom, c'est la liberté elle-même qui vous fait peur. La neutralité que vous voulez imposer aux écoles de l'État et, par voie de conséquence, à l'État lui-même, est quelque chose de plus humiliant et de plus débilitant que le nihilisme, car c'est l'indifférence en matière de religion et en matière de philosophie. Il n'y a que les fortes croyances et la pleine possession de soi-même qui fassent les grands citoyens et les grands peuples. Nous en appelons contre vous à Dieu et à la liberté! »

Cet avertissement solennel, publié en 1883, est plus qu'un programme; ce fut en quelque sorte son testament politique. Il lui donna pour titre *Dieu, Patrie, Liberté*. Ce fut la devise qui devait, par son ordre, treize ans plus tard, être inscrite, à la place de tous ses titres, sur la pierre de sa tombe.

S'il était attristé, il n'admettait ni le découragement, ni l'abdication. L'initiative qu'il prêchait aux autres, il en donnait l'exemple. Énumérer les œuvres qu'il encourageait, les sociétés qu'il avait fondées et qu'il présidait, serait faire le tableau de ce que l'esprit d'association accomplit en ce siècle à l'honneur de notre race, pour le soulagement des souffrances humaines. Il avait combattu l'ignorance : chaque année, il présidait l'assemblée générale de l'Association philotechnique. Il avait vu de près les misères des grandes villes, les familles dispersées, l'enfant abandonné et corrompu : il fut l'inspirateur d'un effort nouveau et fécond, qu'il appela d'un heureux nom : le Sauvetage de l'Enfance, et réunit autour de lui tous ceux qui voulaient s'armer pour cette cause. Quand d'honnêtes gens s'assemblèrent pour défendre nos enfants contre la licence des rues, il se trouva prêt à braver les railleries, avec le plus vaillant de nos confrères. Lorsqu'une société fut créée pour l'amélioration des habitations ouvrières, l'ami et le collaborateur de Jean Dollfus se tint toujours disposé à parler et à agir. Ce fut lui qui répondit un des premiers à l'appel du cardinal Lavigerie en fondant la Société Anti-Esclavagiste. A ces œuvres spéciales, il joignait avec la Société d'Encouragement au Bien un effort général, récompensant tout ce qui se faisait, sur notre territoire, dans nos colonies, dans toutes les parties du monde, au nom de la France, pour accroître notre patrimoine d'honneur et accomplir, dans sa plus noble acception, telle qu'il l'avait conçue et décrite, tout ce qu'impose à l'homme l'idée de devoir.

Il était ainsi le centre d'un grand ministère de dévouement et de charité. Les spectateurs et les sceptiques qui voyaient dans cette action incessante la distraction de sa vieillesse ne savent pas à quel point il s'y donnait lui-même; la vaine représentation, l'estrade sur laquelle il montait, son succès et la foule qui l'acclamait lui importaient très peu. Il voyait dans ces élans spontanés, dans cette action individuelle en progrès, dans ces petites sociétés en travail pour le bien, l'image qui lui tenait bien autrement au cœur de la grande société française, telle qu'il la souhaitait. A ses yeux, toutes ces initiatives c'était l'école de la liberté, c'était la garantie qui lui était chère, que, malgré nos tristesses et nos fautes, nous n'étions pas en décadence.

A la diversité de ses harangues répondait l'infinie variété de ses articles. Le vulgaire croit que le talent du journaliste est fait d'attaques violentes. Quel démenti M. Jules Simon donnait à ce jugement des foules! un style alerte, des souvenirs lumineux, l'esprit le plus vif au service du bon sens, toutes les qualités de la langue de Voltaire sans l'ombre de scepticisme, de la force sans violence, de la vigueur sans injures, des allusions qui n'étaient jamais obscures, une ironie qui charmait et ne fatiguait pas, tel était l'instrument souple et précis à l'aide duquel il traçait le portrait des hommes et des faits.

Nous recueillions le reflet de sa pensée dans nos rencontres intimes de l'Académie où il était entré en 1863 : il y était assidu ; il y trouvait au lendemain des agitations politiques un port de refuge, au milieu des haines qui le poursuivaient une atmosphère de bienveillance et de respect, et ce qui, avant lui, avait reposé tant de grands esprits, le calme dans un plein épanouissement de la pensée. Ses conversations étaient l'attrait de nos réunions, comme ses éloges étaient l'honneur de nos séances publiques.

Il a fait plus que nous charmer. Créer au XIXe siècle, en pleine agitation politique, en pleines querelles religieuses, une académie de philosophes et de politiques, n'était-ce pas un défi à la raison ? N'allait-on pas contre toutes les vraisemblances en se promettant en 1833 de faire vivre d'une vie commune, non pas des savants, mais des hommes d'action qui ne se bornaient pas à écrire l'histoire, mais la faisaient et qui, mêlés aux luttes quotidiennes, ne pourraient peut-être pas se dégager des passions de secte ou de parti? Comment nos prédécesseurs ont-ils échappé à ce péril? Ils l'ont dû à un esprit supérieur, doué d'une admirable pénétration et ayant puisé dans l'histoire une profonde connaissance des hommes. Nous possédons de M. Mignet un portrait incomparable. M. Jules Simon l'a tracé de main de maître. Il a fait sentir ce que nous lui devions. Il ne s'est trompé qu'en un point en disant que, dans cette œuvre, M. Mignet n'avait pas d'héritier. En l'entendant, il n'est pas un de nous qui, dans le secret de son cœur, ne lui donnât un démenti.

Treize ans se sont écoulés depuis la démission de celui qui, après M. Guizot, a été le fondateur de l'Académie des Sciences morales et politiques. Il n'y a pas un jour de cette période qui, grâce à M. Jules Simon, n'ait vu se confirmer et se consolider les mœurs académiques établies par M. Mignet. En appliquant à son influence ses propres expressions, il m'est permis de dire que l'un après l'autre ont fait de notre Académie un salon, de notre compagnie une famille. Je le dis à notre gloire et à la leur : chez nous, on discute sur toutes choses avec liberté, avec courtoisie, avec amitié. Si nous habitons vraiment les régions sereines de la science, nous le devons principalement à l'influence que ces maîtres de la pensée dont nous garderons à jamais la mémoire, ont exercée sur notre Académie pendant plus d'un demi-siècle [1].

L'âme de M. Jules Simon était demeurée jeune : il ne savait refuser ni un service à une souffrance, ni un discours à une société, ni un article à un journal ou à une revue ; mais avec la vieillesse les instruments de l'action vinrent à manquer! Volonté infatigable, lassitude des membres refusant d'obéir, y a-t-il un supplice comparable? Pour le supporter, il faut la résignation d'un sage.

Depuis dix ans, aux souffrances morales

1. *Éloge de M. Mignet.*

M. Jules Simon n'avait opposé qu'un remède : le travail acharné qui avait été le fidèle compagnon de sa vie. Ses amis le pressaient d'écrire ses Mémoires : il s'en défendait comme d'un acte personnel : il y voyait une sorte d'égoïsme. Parler de lui-même lui répugnait ; mais sa pensée se reportait sur les compagnons de sa vie, et, dans les morceaux semés au hasard, il y a plus d'un fragment qui nous renvoie, comme en un chapitre de confidences, le reflet de ses pensées les plus intimes : en écrivant les *Mémoires des autres*, il s'est peint lui-même. Un vieillard a dit qu'il ne lisait plus, mais relisait. Lui ne se contentait pas de relire : livres nouveaux, anciens livres, il les accueillait tous, comme il accueillait la jeunesse qu'il aimait à rapprocher de ses plus anciens amis. Sa curiosité ne s'était pas affaiblie : elle était universelle. Il travaillait de longues heures, sans connaître la fatigue, sans avoir besoin de ménager ses yeux.

C'est la vue que l'âge marqua d'un signe

de mort. Il la sentit décliner, puis le voile s'épaissit. On lui promit la guérison. Il affecta d'y croire pour rassurer les siens, et fut reconnaissant à la science de la part de lumière qu'elle avait pu lui rendre. Mais ce n'était ni la force ni la pénétration du regard. Il pouvait tracer encore des billets de quelques lignes et parfois sa main faisait illusion; mais il lui fallut apprendre à dicter, ce qu'il avait ignoré. En vain, sa femme, ses enfants et sa petite-fille l'entouraient-ils des soins de la plus tendre affection. La solitude qu'il n'avait jamais redoutée devenait désormais l'impuissance et la nuit.

La lecture surtout lui était devenue presque impossible. Ses efforts étaient une souffrance. Dans nos séances intérieures de l'Académie, il y avait renoncé. A cette même place, il y a un an, il devait lire un éloge : c'était le dernier, celui de M. Victor Duruy. Vous vous en souvenez, messieurs. Dès le premier feuillet, il reconnut son impuissance et fit semblant de lire; vous vous en aperçûtes à peine. Vous vous rappelez son succès; mais ce que vous ignorez, c'est que sous le lecteur fatigué avait reparu l'orateur : vous n'écoutiez pas un auteur récitant avec art et vous faisant illusion. C'était un discours conçu et créé de toutes pièces en pleine chaleur de débit. La notice écrite avait fait place à de nouveaux et heureux développements; la composition s'était subitement modifiée, le style avait pris une couleur, les anecdotes une vie; nous étions pour la dernière fois sous le charme de son éloquence, et cette salle, où la parole doit être réglée d'avance, entendait ce qu'elle ne retrouvera plus, un improvisateur merveilleux, tenant en suspens l'auditoire à force de mouvement et de variété dans la voix, de vigueur et de talent. C'était une apparition de M. Jules Simon en pleine puissance d'esprit. Dans cette salle, sa vieillesse n'a pas eu de déclin.

Il était non moins exact au Sénat qu'à l'Institut. En le voyant entrer, ses collègues ne se pressaient plus autour de lui comme autrefois. Seuls, quelques amis fidèles allaient au-devant de lui et le guidaient jusqu'à sa place; on devinait, à leur déférence, que ce vieillard réveillait en eux l'image des admirations passées; il parlait peu, semblait assoupi dans ses réflexions, et en réalité, il ne perdait pas un mot du débat. « J'écoute, disait-il à un de ses plus intimes collègues, mais il me semble que je suis devenu étranger. Tout cela ne m'intéresse plus. Il n'y a que les œuvres qui m'intéressent. » Ils l'ont bien vu, ceux qu'il a menés avec lui comme ses témoins, au commencement de mars, dans une commission du Sénat, où il défendit les œuvres de charité libre contre les exigences d'un projet de loi fiscale! Une discussion appuyée sur les chiffres les plus précis, un résumé brillant, un appel aux forces vives qui, dans une société démocratique, font contrepoids aux empiétements de l'État, laissèrent une impression et obtinrent un succès définitif.

Tels furent ses derniers actes publics à l'Institut et au Luxembourg.

Entre ses dictées du matin et ses sorties qui le menaient toujours au Sénat ou à l'Académie, il demeurait de longues heures sur son fauteuil, repassant les études et les travaux de sa vie. Comme le voyageur fatigué s'arrête au flanc de la montagne pour mesurer la route, il contemplait de loin et de haut tout le chemin parcouru, depuis la petite ville perdue dans les brumes d'une côte bretonne jusqu'aux bancs de l'École normale; il voyait avec ce regard intérieur que l'âge ne voile pas, la foule pressée autour de la chaire de Sorbonne, son rôle en 1848, sa retraite après le coup d'État, sa popularité sous l'Empire, ses luttes électorales, ses premiers succès de tribune, les épreuves de l'année terrible, la collaboration avec M. Thiers, ses ministères, puis les quinze années de luttes si fières au nom de la liberté. Il examinait sa propre pensée, ses doctrines philosophiques, politiques et sociales; il se retrouvait aussi ardent que dans sa jeunesse contre les vieux ennemis de la dignité humaine : l'athéisme, la tyrannie sous toutes ses formes, qu'elle vînt d'un seul ou de la foule, et l'égoïsme. Il se sentait prêt à livrer contre eux ses derniers combats, fidèle jusqu'à la fin à tout ce qui garantit, ennoblit et consacre en l'homme la liberté.

La doctrine lui semblait bonne pour la vie ; mais sa pensée avait d'autres exigences : elle allait perpétuellement au delà ; il se posait sans cesse les questions éternelles. Vraie pour l'existence active, suffirait-elle à l'heure des déchirements suprêmes? Il repassait dans son esprit la fin des philosophes, depuis l'antiquité jusqu'aux contemporains qu'il avait vus mourir? Ce qu'on admirait le plus, la mort du stoïcien, le blessait. Quand elle était choisie par un spiritualiste, il la tenait pour un désaveu de toute la doctrine. Ses réflexions le ramenaient sans cesse au même problème. Longues et douloureuses méditations qui faisaient avancer, en pleine force d'esprit, la pensée du philosophe vers les fins suprêmes!

Plus ses forces déclinaient et plus il trouvait de satisfaction à s'occuper des enfants, des malheureux et des humbles. Dans une de ses dernières harangues, présidant l'assemblée générale d'une société vouée à l'amélioration des petits logements, il venait de raconter comment, de longues années auparavant, à la suite d'un discours, il avait eu la joie d'obtenir de larges souscriptions : sa voix, jusque-là sourde, prit un accent nouveau; il semblait rajeuni; sa figure était inspirée :

« Quand on a vécu, dit-il, comme moi, quatre-vingt-un ans, on a éprouvé bien des émotions. J'ai été mêlé, pour les conduire ou pour les refréner, à des révolutions de mon pays. En un mot, je ne suis pas un nouveau venu pour les émotions de la terre. Cependant je n'ai jamais éprouvé d'émotion comparable à celle qui est résultée d'un service que j'avais pu rendre à une œuvre populaire.

Voilà les véritables émotions! Voilà ce qu'il y a de vrai dans la vie! Le reste n'est que chimère! Vous arriverez à la richesse, vous arriverez à la grandeur. Qu'est-ce que la richesse? Le moindre vent l'emportera. Qu'est-ce que la grandeur? La grandeur est une fiction et une convention. Mais le bien qu'on a fait pour l'amélioration de la morale, pour la grandeur de l'humanité pour la paix de l'âme de ceux qui souffrent, c'est cela qu'on emporte dans le tombeau, et, quand on a la pensée qu'on a fait un peu de bien, on peut regarder la mort tranquillement [1]. »

Vous venez d'entendre le dernier mot de ses méditations, Messieurs. Voilà le testament du moraliste et de l'homme public!

Les forces ont décliné, la maladie est venue lente, puis irrésistible, elle a fermé à demi sa bouche, comme son regard. Elle a laissé la pensée libre. Il a assisté à sa propre fin, fidèle à son amour passionné pour les hom-

1. Discours du 15 mars 1896 à la Société française des habitations à bon marché.

mes, croyant en Dieu, et, simplement, sans bruit, sans fracas, se fiant pour l'éternel passage à la foi de sa mère qui lui parlait, jusqu'au dernier souffle, de l'immense pitié qu'il avait au cœur, de consolation pour les affligés, de justice, de charité, de paix, de toutes les causes auxquelles il avait consacré ses forces et sa vie.

JULES SIMON

BIOGRAPHIE

Jules-François Simon-Suisse, dit Jules Simon, né le 27 décembre 1814 à Lorient. — 1833, élève de l'École normale supérieure. — 1836, professeur au collège de Caen. — 1837, professeur au collège de Versailles. — 1839, maître de conférences à l'École normale et suppléant de M. Cousin à la Sorbonne. — 1848, député des Côtes-du-Nord; conseiller d'État élu par l'Assemblée nationale. — 1851, après sa protestation à la Sorbonne contre le coup d'État et la suspension de son cours, démissionnaire pour refus de serment. — 1863, membre de l'Académie des sciences morales et politiques; député de la Seine. — 1869, élu député de la Seine et de la Gironde. — 4 septembre 1870, membre du gouverment de la Défense nationale, ministre de l'intruction publique. — 1871, député de la Marne, ministre de l'instruction publique sous le gouvernement de M. Thiers. — 1875, élu, le même jour, sénateur inamovible et membre de l'Académie française. — 1876, ministre de l'intérieur et président du Conseil des ministres. — 1879, secrétaire perpétuel de l'Académie des sciences morales et politiques. — Membre des conseils de l'instruction publique, de l'assistance publique; vice-président du Conseil supérieur du travail.

SOCIÉTÉS ET ŒUVRES DIVERSES

Les sociétés les plus importantes dont M. Jules Simon fut Président d'honneur sont les suivantes :

Société française des habitations à bon marché. — Président d'honneur depuis la fondation en 1890. — Discours prononcés les 2 février 1890, 8 mars 1891, 6 mars 1892, 12 mars 1893, 4 mars 1894 et 15 mars 1896.

Musée social. — Président d'honneur depuis la fondation en 1895. — Discours prononcés les 25 mars 1895, 3 mai 1896.

Alliance française. — Président d'honneur le 25 novembre 1889. — Discours prononcé le 20 décembre 1888.

Ligue contre l'athéisme.

Ligue contre l'usage du tabac.

Mutualité maternelle.

Association philotechnique. — M. Jules Simon en fut quatre fois le Président actif. (Voir dans la bibliographie la liste, d'ailleurs incomplète, des discours.)

Union des sports athlétiques.

Ligue nationale pour le repos du dimanche, etc.

M. Jules Simon était Président d'un grand nombre de sociétés philanthropiques; voici les principales :

Union française pour le sauvetage de l'enfance. — Président depuis la fondation en 1888. — Discours prononcés le 18 décembre 1892, le 10 décembre 1893, le 22 décembre 1895. (Les premiers discours de 1888 à 1892 n'ont pas été sténographiés.)

Société nationale de l'Encouragement au Bien. —

Président depuis 1888. — Discours prononcés les 2 juin 1889, 1er juin 1890, 31 mai 1891, 29 mai 1892, 28 mai 1893, 27 mai 1894, 19 mai 1895.

Comité central des œuvres d'assistance par le travail. — Président depuis janvier 1894. — Discours prononcé le 13 janvier 1895.

Société anti-esclavagiste.

Comité d'honneur de la Société coopérative des officiers des armées de terre et de mer.

Ligue contre la licence des rues. — Discours prononcé le 9 mai 1894.

Société d'études italiennes, etc.

OUVRAGES

1. *De Deo Aristotelis, diatribe philosophica* (thèse de doctorat ès lettres). In-8, 47 pages. Paris, imp. Moquet, 1839.
2. *Du commentaire de Proclus sur le* Timée *de Platon* (thèse de doctorat ès lettres). In-8, 196 pages. Paris, imp. Moquet, 1839.
3. *Études sur la théodicée de Platon et d'Aristote.* In-8, VII-280 pages. Paris, Joubert, 1840.
4. *Œuvres de Malebranche.* Nouvelle édition, collationnée sur les meilleurs textes et précédée d'une introduction. Première et deuxième séries, 2 volumes in-12, 53 feuilles. Paris, Charpentier, 1842.
5. *Œuvres de Descartes.* Nouvelle édition, collationnée sur les meilleurs textes et précédée d'une introduction. *Discours sur la méthode. Méditations. Traité des passions.* In-12, XLVII-562 pages. Paris, Charpentier, 1842, 1850, 1852, 1857, 1860, 1865, 1868, 1872, 1877.
6. *Œuvres philosophiques de Bossuet.* Nouvelle édition, collationnée sur les meilleurs textes et précédée

d'une introduction. In-12, 17 feuilles 1/2. Paris. Charpentier, 1842. — Même ouvrage, 1853, 1863, 1881,

7. *Œuvres philosophiques d'Antoine Arnauld.* Nouvelle édition, collationnée sur les meilleurs textes et précédée d'une introduction. In-12 XLI-563 pages. Paris, Charpentier, 1843.

8. *Histoire de l'École d'Alexandrie.* 2 volumes in-8 : I, II-602 pages, 1844; II, 692 pages, 1845. Paris, Joubert.

9. *Manuel de philosophie* à l'usage des collèges : *Introduction et psychologie*, par Amédée Jacques. *Logique et histoire de la philosophie*, par Jules Simon. *Morale et théodicée*, par Émile Saisset. In-8, x-648 pages. Paris, Joubert, [1845], 1846. — 2e édition, in-8. Paris, Joubert, 1847. — 2e édition (*sic*), augmentée d'un appendice et mise en harmonie avec le dernier programme officiel du baccalauréat ès lettres. In-8, XII-625 pages. Paris, Hachette, 1851. — 3e édition, 1857. — 4e édition, 1863. — 5e édition, 1867. — 6e édition, 1869. — 7e édition, 1872. — 8e édition, 1877. — 9e édition, 1883. — Même ouvrage, traduction espagnole : *Manual de filosofia, por Amédée Jacques, Jules Simon, Émile Saisset.* In-8, 608 pages. Paris, Hachette, 1868. — In-18 jésus, 1872, 1877, 1886. — Même ouvrage, traduction portugaise.

10. *Aux électeurs du département des Côtes-du-Nord.* In-4. Paris, imp. Fain et Thunot, s. d. [1846].

11. *Aux électeurs des Côtes-du-Nord.* In-8, 4 pages. Paris, imp. Fain et Thunot, s. d. [1848].

12. *Rapport à l'Assemblée constituante sur le projet de loi organique de l'instruction publique*, 1848.

13. *Discours sur la liberté d'enseignement*, à l'Assemblée constituante de 1848. Paris, Panckouke, 6, rue des Poitevins.

14. *A MM. les électeurs des Côtes-du-Nord.* In-8, 4 pages. Paris, imp. Thunot, s. d. [1849].

15. *L'Université.* (Extrait de la *Liberté de penser*, numéro

du 15 novembre 1849.) In-18, 44 pages. Paris, imp. Thunot, 1849.

16. *Louis XIV et sa cour. Portraits, jugements et anecdotes extraits des Mémoires authentiques du duc de Saint-Simon (1694-1715)*. In-18, xxxv-302 pages, avec une introduction. Paris, Hachette (*Bibliothèque des chemins de fer*), 1853.

17. *Le Régent et la cour de France. Portraits, jugements et anecdotes extraits des Mémoires authentiques du duc de Saint-Simon (1715-1723)*. In-18, xxix-289 pages avec une introduction. Paris, Hachette (*Bibliothèque des chemins de fer*), 1853.

18. *La Saint-Barthélemy*, récit. (Extrait de *l'Estoile, Brantôme, Marguerite de Navarre, de Thou, Montluc*, etc.) (*24 août 1572*). In-18, II-109 pages. Paris, Hachette (*Bibliothèque des chemins de fer*), 1853.

19. *La mort de Socrate*, in-18. Paris, Hachette (*Bibliothèque des chemins de fer*), 1853.

20. *Le Devoir*. In-8, IV-522 pages. Paris, Hachette, [1853], 1854. — 2e édition, in-12, IV-426 pages. Paris, Hachette, [1853], 1854. — 3e édition, 1855. — 4e édition, in-8, 1856. — 5e et 6e éditions, in-18 jésus, XIX-455 pages. Paris, Hachette, 1857 et 1860. — 7e édition, in-18 jésus, XV-458 pages. Paris, Hachette, 1863. — 8e, 9e, 10e, 11e, 12e, 13e et 14e éditions, in-18 jésus, 468 pages. Paris, Hachette, 1869, 1872, 1874, 1879, 1881, 1886. — Même ouvrage, traduction en grec moderne : Τὸ Καθῆκον, ὑπὸ Ιουλίου Σιμῶνος, μεταφρασθὲν ἐκ τοῦ Γαλλικοῦ ὑπὸ Π. Γ. Σκόφου. In-8, XX-560 pages. Préface de Jules Simon, écrite par lui en grec ancien, imprimée ici en français et en grec moderne. Athènes. " ἐκ τοῦ τυπογραφείου Χ. Νικολαΐδου Φιλαδελφέως", 1860. — Même ouvrage, traduction suédoise : *Pligten, af Jules Simon... Ofversättning fran nionde original upplagan....* In-8, 375 pages. Stockholm, L. J. Hiertas, 1870.

21. *La religion naturelle*. In-8, VI-466 pages. Paris,

Hachette, 1856. — 2e édition, 1856. — 3e édition, in-18 jésus, 12 feuilles 4/9. Paris, Hachette, [1856], 1857. — 4e édition, in-18 jésus, xxxv-412 pages. Paris, Hachette, 1857. — 5e édition, in-18 jésus, xxxi-416 pages, 1860. — 6e édition, xv-416 pages, 1866. — 7e édition, xi-422 pages, 1873. — 8e édition, vii-423 pages, 1883. — Même ouvrage, traduction anglaise : *Natural religion, by M. Jules Simon, translated by J. W. Cole; edited, with preface and notes, by the rev. J. B. Marsden*, etc.. In-8, xliv-266 pages. Londres, Richard Bentley, 1857.

22. *La liberté de conscience*. In-18 jésus, 456 pages. Paris, Hachette, 1857. — 2e édition, 492 pages, 1857. — 3e édition, entièrement refondue, 468 pages, 1859. — 4e et 5e éditions, 419 pages, 1867 et 1872. — 6e édition (*avec une introduction nouvelle*), xxviii-419 pages. Hachette, 1883.

23. *La liberté*. 2 volumes in-8 : I, viii-515 pages; II, 571 pages. Paris, Hachette, 1859. — 2e édition, 2 volumes in-18 jésus, xi-836 pages. Paris, Hachette, 1859.

    Ouvrage dédoublé ensuite pour former les deux suivants :

24. *La liberté politique*. 3e édition, in-18 jésus, 378 pages. Paris, Hachette, [1866], 1867, 372 pages. — 4e édition, 1872. — 5e édition, revue et augmentée, viii-380 pages, 1881.

25. *La liberté civile*. 3e, 4e et 5e éditions, in-18 jésus, 426 pages. Paris, Hachette, 1867, 1872, 1881.

26. *L'ouvrière*. In-8, viii-392 pages. Paris, Hachette, 1861. — 2e édition, in-18 jésus, 374 pages. Paris, Hachette, 1861. — 3e édition, xi-418 pages, 1861, — 4e édition xv-448 pages, 1861. — 5e édition, 1863. — 6e, 7e et 8e éditions, xvi-448 pages, 1867, 1871, 1876. — 9e édition, xxxii-448 pages, 1891. — Même ouvrage, traduction allemande : *Die Arbeiterin*.

27. *L'instruction populaire en France*. Débats parlementaires, par MM. Carnot, Havin et *Jules Simon*,

députés au Corps législatif, *avec une Introduction historique par M. Jules Simon.* In-8, 257 pages. (Parties dues à M. Jules Simon : *Esprit de la Révolution sur l'instruction populaire*, p. 1 à 98; *Situation des instituteurs et des institutrices*, p. 113 à 142 *L'emprunt des écoles*, p. 167 à 196; *De l'abrogation des lettres d'obédience*, p. 229 à 240; *L'Instruction obligatoire*, p. 241 à 256.) Paris, Degorce-Cadot, *Bibliothèque libérale*, 1864.

28. *Discours sur la loi des coalitions de M. Jules Simon, député au Corps législatif, dans la séance du 19 janvier 1864* (extrait du *Moniteur universel* du 20 janvier 1864). In-8, 52 pages. Paris, imp. Panckouke et Cie, 1864.

29. *Discours sur la loi des coalitions de M. Jules Simon. député au Corps législatif, dans la séance du 21 janvier 1864* (extrait du *Moniteur universel* du 22 janvier 1864). In-8, 62 pages. Paris, imp. Panckoucke et Cie, 1864.

30. *Discours sur la loi des coalitions* (*29 avril 1864*). In-18, 32 pages. Versailles, imp. Cerf; Paris, Librairie internationale. A. Lacroix, Verboeckhoven et Cie, 1864.

31. *Discours sur la situation des instituteurs et des institutrices* (*19 mai 1864*). In-18, 35 pages. Versailles, imp. Cerf; Paris, Librairie internationale, A. Lacroix, Verboeckhoven et Cie, 1864.

32. *L'École.* 1re et 2e éditions, in-8, 435 pages. Paris. Librairie internationale, A. Lacroix, Verboeckhoven et Cie, 1864. — 3e et 4e éditions, 1864. — 5e, 6e et 7e éditions, revues et augmentées, 435 pages, 1865. — 8e édition, in-18 jésus, 445 pages. Paris, Hachette, 1874. — 9e édition, 1877. — 10e édition, *contenant un résumé de la dernière statistique officielle*, VII-455 pages, 1881. — 11e édition, XXVII-455 pages, 1886. — 12e édition, XXVII-569 pages, 1894. — Même ouvrage, traduction espagnole (*Biblioteca professional de edu-*

cacion, La Escuela, obra escrita en francés por... M. Julio Simon, y traducida al castellano por A. y A. Moya, de la Torre). In-8, 296 pages. Valence, *Biblioteca professional de educacion*, 1883.

33. *Conférence sur les bibliothèques populaires*. Société d'enseignement professionnel du Rhône (*Revue des cours littéraires*, 11 février 1865); Lyon, imp. Storch.

34. *Le travail*. 1re et 2e éditions, in-8, III-425 pages. Paris, Librairie internationale, A. Lacroix, Verboeckhoven et Cie, 1866. — 3e et 4e éditions, VII-425 pages, 1867.

35. *Discours sur les bibliothèques populaires à la séance annuelle de la Société Franklin*. (*Revue des cours littéraires*, 23 juin 1866.)

36. *L'ouvrier de huit ans*. 1re et 2e éditions, in-8, 352 pages. Paris, Librairie internationale, A. Lacroix, Verboeckhoven et Cie, 1867. — 3e et 4e éditions, in-18 jésus, IV-380 pages, 1867.

37. *Discours sur le travail des enfants dans les manufactures*, prononcé par M. Jules Simon, présidant la 52e séance annuelle de la Société pour l'instruction élémentaire. (*Revue des cours littéraires*, 10 août 1867.)

38. *La séparation de l'Église et de l'État*. Discours prononcé au Corps législatif dans la séance du 3 décembre 1867 (extrait du *Moniteur universel* du 4 décembre 1867). In-18, 35 pages. Versailles, imp. Cerf, 1867.

39. Discussion générale de la loi sur l'armée. *Discours de M. Jules Simon* (extrait du *Moniteur universel* du 24 décembre 1867). In-8, 19 pages. Paris, Degorce-Cadot, 1867.

40. *Suppression des armées permanentes, organisation démocratique de l'armée*. Discours prononcés au Corps législatif dans les séances du 23 décembre 1867 et du 11 janvier 1868. In-8, 23 pages. Paris, Dégorce-Cadot, 1868.

41. *La peine de mort.* Discours prononcé au cirque des Champs-Élysées. (Réunions publiques du dimanche.) [Au profit des ouvriers français délégués à l'Exposition de Londres.] 1867 ou 1868.

42. *Des réformes à introduire dans l'organisation des conseils de prud'hommes.* Discours prononcé au Corps législatif dans la séance du 20 mars 1868. In-18 jésus, 35 pages. Paris, Degorce-Cadot (*Bibliothèque libérale*), 1868.

43. *Discours sur l'influence morale du logement sur l'ouvrier.* (*Revue des cours littéraires*, 7 novembre 1868.)

44. *La politique radicale.* In-8, 400 pages. Paris, Librairie internationale, A. Lacroix, Verboeckhoven et Cie, 1868. — 2e et 3e éditions, in-18 jésus, 400 pages, 1868 et 1869.

45. *Les réunions publiques* (extrait du *Journal officiel*). In-18, 32 pages. Paris, Degorce-Cadot (*Bibliothèque libérale*), 1869.

46. *Discours sur le devoir.* (*Revue des cours littéraires*, 20 février 1869.)

47. *Paris aux Parisiens.* Discours prononcé le 4 mars 1869 au Corps législatif, in-18, 24 pages. Paris, Degorce-Cadot (*Bibliothèque libérale*), 1869.

48. *L'instruction populaire.* Conférence faite à Reims, le 25 avril 1869. In-12, 22 pages. Reims, imp. Luton, 1869.

49. *Conférence au profit des victimes du tremblement de terre de l'Amérique méridionale.* Paris, 1869, imp. A. Parent.

50. *Discours sur l'instruction obligatoire.* 11 juillet 1869, imp. A. Parent.

51. *Le libre-échange.* Discours prononcé à Lyon. Lyon, Bellon, 1869.

52. *La peine de mort.* In-18, 71 pages. Bordeaux, imp. Gounouilhou, 1869. — Même ouvrage : *La peine de mort, récit.* 1re, 2e, 3e et 4e éditions, in-18 jésus, 186 pages. Paris, Librairie internationale, A. La-

croix, Verboeckhoven et Cie, 1869 et 1870. — Même ouvrage : *Trois condamnés à mort*, in-18 jésus, 245 pages. Paris, C.Lévy, 1881. — Même ouvrage : *L'affaire Nayl. Trois condamnés à mort*. Paris, C. Lévy, 1883.

53. *La famille*. In-18, 36 pages. Paris, Degorce-Cadot, 1869.
54. *Discours à la fête solsticiale du 14 mars 1869*. Paris, Degorce-Cadot.
55. *Le système coopératif appliqué à l'exploitation des chemins de fer*, avec une lettre-préface de Jules Simon. 1870, Paris, Librairie internationale.
56. *La liberté de penser*. In-18 jésus, 34 pages. Paris, Degorce-Cadot, 1870.
57. *Discussion générale sur la liberté commerciale. Discours de M. Jules Simon, député de la Gironde*. Séances des 19 et 20 janvier 1870. In-8, 55 pages. Bordeaux, imp. Gounouilhou, 1870.
58. *Discours sur la liberté de la librairie prononcé au Cercle de la librairie* (*Revue des cours littéraires*, 5 février 1870).
59. *Discours sur la peine de mort* (*Revue des cours littéraires*, 12 mars 1870).
60. *Le libre-échange*. In-8, VI-339 pages. Paris, Librairie internationale, A. Lacroix, Verboeckhoven et Cie, 1870.
61. *Discours sur l'instruction obligatoire*. Association philotechnique, 5 juin 1870. Imp. A. Parent, 1870.
62. *Discours prononcé à la séance de rentrée de l'École normale supérieure*, en 1871.
63. *Discours de distribution des prix à l'Association philotechnique, à Paris, le 21 juillet 1872*. Imp. A. Parent, 1872.
64. *Discours prononcé le 5 août 1872 au Conservatoire national de musique*. In-4. Paris, Ch. de Mourgues, 1872.
65. *Discours prononcé à la distribution des prix du concours général, le lundi 12 août 1872*. In-4, 8 pages, Imp. nationale, août 1872.

66. *Discours... à l'assemblée générale des délégués des sociétés savantes, réunis à la Sorbonne le samedi 19 avril 1873.* In-16, 80 pages. Paris, Hachette, 1873.

67. *Discours... sur la prorogation des pouvoirs de M. le maréchal de Mac-Mahon, président de la République.* Séance du 18 novembre 1873. In-18, 24 pages. Paris, Le Chevalier, 1873.

68. *L'instruction gratuite et obligatoire.* — 1e édition, in-32, 191 pages. Paris, librairie de la *Bibliothèque démocratique*, 1873. — Même ouvrage, traduction polonaise... *Oswiata ludu. — Juliusz Simon... Nauka bezplatna i obowiazkowa... Karol Forster...* In-8, xvi-143 pages Berlin, U. Wydawcy, 1875.

69. *Discours de distribution des prix à l'Association philotechnique, à Paris, le 18 janvier 1874.* Imp. A. Parent, 1874.

70. *La réforme de l'enseignement secondaire.* In-8, 436 pages. Paris, Hachette, 1874. — 2e édition, in-18 jésus, 436 pages, 1874.

71. *Souvenirs du 4 septembre : Origine et chute du second Empire.* In-8 440 pages. Paris, Michel Lévy frères, 1874. — 2e édition. 3e édition, in-18 jésus, 440 pages, 1876.

72. *Discours sur l'abolition de l'esclavage, au banquet donné par les créoles présents à Paris le 5 mai 1875.* Imp. Brière. 1875.

73. *Discours prononcé à la Société d'enseignement professionnel du Rhône.* Association typographique Riotow à Lyon.

74. Fondation Cartault (2e année). Compte rendu de la cérémonie du couronnement de la rosière, qui a eu lieu le 17 octobre 1875, à Puteaux. *Discours de M. Jules Simon, député.* In-8, 16 pages. Paris, Jules Boyer, 1875.

75. *Discours d'inauguration du Cercle Franklin, au Havre, le 9 janvier 1876.*

76. *Souvenirs du 4 septembre : Le Gouvernement de la défense nationale*. In-8, 396 pages. Paris, Michel Lévy frères, 1874. — 2e édition. — 3e édition, in-18 jésus, 396 pages, 1876.

77. *Politique et philosophie*, par Frédéric Morin. *Introduction par M. Jules Simon*. In-18, XLVI-352 pages (Introduction, p. I à XLVI). Paris, Germer-Baillère, 1876.

78. Association philotechnique pour l'instruction gratuite des adultes.... Séance d'inauguration [*tenue à Foix, sous la présidence de M. Jules Simon le 8 octobre 1876. Discours de M. Jules Simon*]. In-8, 42 pages. Foix, impr. Astier, 1876. — Autres discours prononcés par M. Jules Simon dans des réunions de l'Association philotechnique : à Paris (ouverture solennelle des cours), le 15 octobre 1876. Paris, impr. Parent, 1877 ; — à Paris (1876-1877, distribution solennelle des prix), le 20 janvier 1878. Paris, impr. Parent, 1878 ; — à Suresnes (année scolaire 1877-1878, distribution solennelle des prix), le 7 avril 1878 ; Paris, impr. Martinet, 1878 ; — à Paris (distribution solennelle des prix et banquet du soir), le 23 juin 1878. Paris, impr. Parent, 1878 ; — à Saint-Brieuc (séance d'inauguration, le 1er septembre 1878. Saint-Brieuc, impr. Guyon, 1878 ; — à Aubervilliers (séance d'inauguration), le 22 septembre 1878. Paris, impr. Paul Dupont, 1878 ; — à Paris (année 1878-1879, ouverture solennelle des cours, ouvertures particulières des sections des Quinze-Vingts et des Ternes). Paris, impr. Parent, 1879 ; — à Paris (distribution solennelle des prix), le 6 juillet 1879. Paris, impr. Parent 1879 ; — à Saint-Brieuc, en 1883. Saint-Brieuc, impr. Francisque Guyon, 1883 ; à Boulogne-sur-Seine (année scolaire 1888-1889, distribution solennelle des prix), le 28 avril 1889. Boulogne-sur-Seine, typogr. et lithogr. A. Doizelet, 1889.

79. *Discours prononcé sur la tombe de M. Thiers.* In-16, 8 pages. Castres, impr. Fabre, 1877.

80. *Le Gouvernement de M. Thiers (8 février 1871-24 mai 1873).* 1re et 2e éditions, 2 volumes in-8 : I, 479 pages; II, 459 pages. Paris, Calmann Lévy, 1878. — 3e édition, 2 volumes in-18 jésus, 934 pages, 1879. — 4e et 5e éditions, 2 volumes : I, 479 pages; II, 475 pages, 1880. — Même ouvrage, traduction anglaise : *The Government of M. Thiers, from 8th February 1871, to 24th May 1873; from the French of M. Jules Simon, in two volumes.* In-8 : I, 553 pages; II, 506 pages. Londres, Sampson Low, Marston, Searle et Rivington, 1879.

81. *Discours prononcé le 9 juillet 1878 au banquet offert aux membres étrangers du Jury de l'Exposition universelle.* Imp. Gauthier-Villars, 1878.

82. *Discours prononcé pour l'inauguration de la statue de Paul-Louis Courier, à Véretz, en 1878.*

83. *Discours sur la propagation de l'enseignement professionnel, prononcé à l'Association polytechnique nantaise.* Nantes, Impr. du Commerce, 1878.

84. *La question des traités de commerce.* Association pour la défense de la liberté commerciale, et pour le maintien et le développement des traités de commerce. Conférence tenue au théâtre du Château-d'Eau, le 16 février 1879, par M. Jules Simon, sénateur. In-8, 27 pages. Paris, 35, rue Bergère, 1879.

85. Société de protection des enfants du papier peint, 10, rue Beccaria. Distribution des récompenses. Compte rendu de la séance du 23 février 1879. [*Discours de M. Jules Simon.*] In-8, 43 pages. Paris, impr. Chaix, 1879.

86. Société d'agriculture de la Gironde. Séance extraordinaire du 22 avril 1879. *Conférence de M. Jules Simon* et banquet libre-échangiste. In-8, 43 pages.

87. Chambre syndicale de l'horlogerie. Distribution solennelle des récompenses aux ouvriers et

apprentis, le 2 mai 1879, salle du Grand-Orient, rue Cadet, *présidée par M. Jules Simon*, s. l. n. d.

88. *Discours prononcé à la distribution des récompenses aux apprentis de la Société pour l'assistance paternelle aux enfants employés dans les fabriques de fleurs et de plumes, le 4 mai 1879.* Impr. Chaix, 1879.

89. Société d'enseignement professionnel du Rhône... *Discours prononcé par M. Jules Simon* à la distribution des prix, au Grand-Théâtre de Lyon, le 1er juin 1879. In-8, s. l. n. d.

90. *Rapport au Sénat sur le projet de loi relatif au siège du pouvoir exécutif et des Chambres à Paris.* 1er juillet 1879. A., t. VII, p. 91 à 98 ; an., p. 278 ; I, 272. — Rapport sur le même projet de loi. 19 juillet 1879. A., t. VII, 218 ; an., p. 354 ; I, 370.

91. *Discours prononcé à Nancy, le 3 août 1879, à l'inauguration de la statue de M. Thiers.*

92. *Discours prononcé aux funérailles de M. le baron Taylor, le 15 septembre 1879.*

93. *Rapport au Sénat sur le projet de loi adopté par la Chambre des députés relatif à la liberté de l'enseignement supérieur.* 8 décembre 1879. A., t. II, p. 4 : an., p. 3 ; I, 20.

94. *Rapport supplémentaire* (*au Sénat*) *sur le projet de loi relatif à l'enseignement supérieur.* 13 janvier 1880. A., t. I, p, 6 ; an., p. 4 ; I, 2. — Rapport supplémentaire sur le même projet de loi. 16 février 1880. A., t. II., p. 187 ; an., p. 232 ; I, 58.

95. *Discours de distribution de prix au patronage industriel des enfants de l'ébénisterie, le 22 février 1880.* Imp. Chaix, 1880.

96. Société générale pour le patronage des libérés repentants, rue de Varennes, 78 *bis* (Ministère de l'intérieur). Séance annuelle du 30 mai 1880. [*Discours de M. Jules Simon.*] In-8, 32 pages.

97. L'Exposition universelle internationale de 1878 à

Paris. Rapports du jury international. *Introduction par M. Jules Simon, rapporteur général.* In-8, 581 pages. Paris, Imprimerie nationale, 1880.

98. *Le livre du petit citoyen.* In-18 jésus, 191 pages, avec vignettes. Paris, Hachette, 1880. — *Le livre du petit citoyen, livre de lecture à l'usage des écoles primaires.* 2e édition, 1880. — 3e édition, 1885. — 4e édition, 1894. (Tirage de chaque édition à 18 000.)

99. Association pour le placement en apprentissage et le patronage d'orphelins des deux sexes... Quarante-huitième rapport annuel. Compte rendu des travaux de l'année 1881 [assemblée générale annuelle du 24 avril 1881, sous la présidence de M. Jules Simon. *Discours de M. Jules Simon*]. In-8, 71 pages. Chartres, imp. Garnier, 1882.

100. *Rapport au Sénat sur la proposition de loi de M. Dufaure, relative au droit d'association*, 27 juin 1882. A., p. 807; an., p. 45, I, 318. — *Rapport complémentaire sur la même proposition de loi*, 4 juillet 1882. A., p. 832.

101. *Dieu, Patrie, Liberté.* In-8, VII-430 pages. Paris, C. Lévy, 1883. — 2e, 3e, 4e, 5e, 6e, 7e, 8e, 9e et 10e éditions, C. Lévy, 1883. — 11e édition, in-18 jésus, VIII-430 pages. Paris, C. Lévy, 1883, — Même ouvrage, traduction espagnole (*Dios, Patria y Libertad, por Julio Simon.* Version castellana de J. Orellis). In-8, VIII-328 pages. Madrid, Dubrull, 1883.

102. *Une Académie sous le Directoire.* In-8, 477 pages. Paris, C. Lévy, [1884], 1885.

103. *Thiers, Guizot, Rémusat.* In-8, 375 pages. Paris, C. Lévy, 1885.

104. *La neutralité scolaire.* Discours prononcé au Sénat le 18 mars 1886. In-18. Louvain, Ch. Fontein, 1886.

105. Association bretonne-angevine, fondée le 7 décembre 1886. Banquet de fondation [*discours de M. Jules Simon*]. In-12, 28 pages.

106. *Nos hommes d'État* [recueil d'articles parus dans le

Matin]. In-18 jésus, 360 pages. Paris, C. Lévy, 1887.

107. *Victor Cousin.* In-18 jésus, 185 pages et portrait. Paris, Hachette (*Les grands écrivains français*), 1887. — 2e édition, 1889. — 3e édition, 1891.

108. *Opinions et discours*, par Jules Simon. Avec étude biographique et littéraire. In-8, 32 pages. Paris, Gautier (*Nouvelle bibliothèque populaire à 10 centimes*), 1888.

109. Société philanthropique.... Inauguration du nouvel asile de nuit et du dispensaire pour enfants, 44, rue Labat (Montmartre). *Discours prononcé par M. Jules Simon.* In-8, 29 pages. Paris, Société philanthropique, 1888.

110. Discours prononcé à l'assemblée générale annuelle de la Société française des amis de la paix, le 23 mars 1888.

111. Alliance française.... *Allocution de M. Jules Simon* dans la matinée-conférence du Vaudeville, du 20 décembre 1888.

112. *L'éducation athlétique* (extrait du journal *l'Illustration*). In-32, 26 pages. Paris, imp. Chaix, 1888.

113. *Conférence sur l'éducation*, faite au théâtre de Lille (séance solennelle du 20 janvier 1889). In-8, 17 pages (Publication de la *Société industrielle du Nord de la France*). Lille, imp. Danel, 1889.

114. *Mémoires des autres.* Illustrations de Noël Saunier. 1er, 2e et 3e mille, in-18 jésus, VIII-299 pages. Paris, E. Testard et Cie (*Collection E. Testard et Cie*). Marpon et Flammarion, 1889.

115. *Mignet, Michelet, Henri Martin.* In-8, 373 pages. Paris, C. Lévy, Librairie nouvelle, 1889.

116. *Le Journal des Débats sous la Restauration*, dans *Le livre du Centenaire du Journal des Débats.* In-4, XVI-631 pages, p. 107 à 119. Paris, Plon, 1889.

117. *Souviens-toi du 2 décembre.* 1re et 2e éditions, in-18 jésus, IV-364 pages. Paris, Victor Havard, 1889.

118. Lettre de M. Charles Lucas, membre de l'Institut,

à M. Jules Simon, secrétaire perpétuel de l'Académie des sciences morales et politiques, à l'occasion du rapport de la commission sénatoriale relatif au projet de code pénal italien abolissant la peine de mort, *suivie de la réponse de M. Jules Simon.* In-8, 7 pages. Orléans, imp. Girardot; Paris, 1889.

119. *École Monge.* Distribution des prix, 31 juillet 1890. *Discours de M. Jules Simon, sénateur, président.* In-8, 11 pages. Paris, imp. Chaix, 1890.

120. *L'hygiène à Paris. L'habitation du pauvre,* par le docteur O. Du Mesnil.... — *Avec une préface de M. Jules Simon....* In-18, 222 pages (Préface, p. 5 à 10). Paris, J.-B. Baillière et fils, 1890.

121. *Discours prononcés à Mâcon par M. Jules Simon, les 19 et 21 octobre 1890, aux fêtes du Centenaire de Lamartine.* In-8. Mâcon, Protat, 1891.

122. *Colas, Colasse et Colette.* In-8, 36 pages. Paris, Gautier (*Nouvelle bibliothèque populaire à 10 centimes*), 1891.

123. *Nouveaux mémoires des autres.* Illustrations de Léandre, gravées sur bois par Prunaire, in-18 jésus, 367 pages. Paris, Testard et Flammarion, 1891.

124. *Discours prononcé à l'assemblée générale annuelle de la Société protectrice de l'enfance,* à la Sorbonne, le 22 février 1891.

125. *Discours prononcé à la Ligue populaire pour le repos du dimanche,* avril 1891.

126. *La femme du XXe siècle,* par Jules Simon, de l'Académie française, et Gustave Simon, docteur en médecine. In-8, 410 pages. Paris, C. Lévy, Librairie nouvelle, 1891. — 2e, 3e, 4e, 5e, 6e, 7e, 8e, 9e, 10e, 11e, 12e, 13e, 14e, 15e, 16e, 17e, 18e, 19e, 20e et 21e éditions, in-18 jésus, 410 pages, 1891 et 1892. — Même ouvrage, traduction suédoise.

127. *De l'initiative privée et de l'État en matière de réformes sociales.* Conférence faite au Grand-Théâtre

de Bordeaux, le 7 novembre 1891, sous le patronage de la Société des ambulances urbaines. In-12, 22 pages. Bordeaux, imp. G. Gounouilhou, janvier 1892.

128. *L'Association des dames françaises.* Conférence faite au profit de l'association [à la fin de l'année 1891].

129. *Discours prononcé à l'inauguration du monument des mobiles bretons, à Saint-Brieuc, le 10 juillet 1892.*

130. *Discours prononcé à l'inauguration de la statue de Le Sage, à Vannes, en 1892.*

131. *Notices et portraits (Caro, L. Reybaud, Michel Chevalier, Fustel de Coulanges).* In-8, 353 pages. Paris, C. Lévy, [1892], 1893.

132. *Discours prononcé à la Ligue contre la licence des rues. — 9 mai 1894.*

133. *Quatre portraits (Lamartine, le cardinal Lavigerie, Ernest Renan, Guillaume II, suivis du discours prononcé pour le centenaire de l'Institut).* — In-18, 334 pages. Paris, C. Lévy, 1896.

TRAVAUX ACADÉMIQUES

1. *Rapport fait au nom de la commission pour le prix Halphen*, lu dans la séance du 11 juin 1864, t. 70, p. 433. Inséré dans les *Mémoires de l'Académie*, t. XII, p. 321-322.

2. *Fragment sur l'éducation des filles*, lu dans la séance publique annuelle des cinq Académies, le 16 août 1864, t. 70, p. 243 à 261. — Institut, in-4, p. 107 à 126.

3. *Les sociétés coopératives de construction et de logement*, t. 75, p. 245 à 266.

4. *Influence de l'éducation sur le bien-être et la moralité des classes laborieuses.* Rapport sur le concours pour le prix quinquennal fondé par M. le baron Félix de Beaujour, lu dans la séance du 7 décembre 1867, t. 83, p. 193 à 197. Inséré dans les *Mémoires de l'Académie*, t. XIII, p. 259 à 265.

5. *Discours prononcé aux funérailles de M. Viennet*, le mardi 14 juillet 1868. Institut, in-4, p. 9 à 11.
6. *Observations sur l'esclavage au Brésil*, t. 91, p. 453-454.
7. *Discours de M. Jules Simon, président de l'Institut, prononcé aux funérailles de M. Auber...*, le 15 juillet 1871. Institut, in-4, p. 1 à 3.
8. Séance publique annuelle des cinq Académies, du mercredi 25 octobre 1871, présidée par M. Jules Simon... *Discours d'ouverture de M. le Président*, t. 96, p. 235 à 243. — Institut, in-4, p. 1 à 12.
9. *Discours de M. Jules Simon, président de l'Académie des sciences morales et politiques, lu dans la séance publique annuelle du samedi 23 décembre 1871*, t. 96, p. 554 à 576. — Institut, in-4, p. 1 à 23.
10. *L'éducation physique dans les collèges*, t. 100, p. 737 à 812.
11. *Discours... prononcé aux funérailles de M. de Rémusat*, le 8 juin 1875. Institut, in-4, p. 13 à 15.
12. Discours prononcés dans la séance publique tenue par l'Académie française pour la réception de M. Jules Simon, le 22 juin 1876. *Discours de M. Jules Simon.* Institut, in-4, p. 1 à 47.
13. *Observations sur l'instruction primaire et l'instruction secondaire*, t. 105, p. 159-160.
14. *Observations sur les résultats de l'enseignement primaire à Paris de 1867 à 1878*, t. 110, p. 880 à 882.
15. *Discours prononcé par M. Jules Simon, directeur de l'Académie française, dans la séance du 7 août 1879, sur les prix de vertu.* Institut, in-4, p. 95 à 118. — In-18, 96 pages. Paris, Didot, 1879.
16. *Discours prononcé à l'inauguration de la statue de M. Thiers, à Saint-Germain-en-Laye, le dimanche 19 septembre 1880*, t. 114, p. 676 à 680. — Institut, in-4, p. 9 à 15.
17. *Observations sur l'enseignement secondaire à Paris en 1880*, t. 115, p. 41 à 47.
18. *Le vêtement*, t. 115, p. 150 à 165.

19. *Le monde régénéré par la science*, t. 115, p. 625 à 635.
20. *L'instruction publique et la Révolution*. Rapport et discussion sur un ouvrage de M. Albert Duruy, t. 117, p. 747 à 752, 753-754.
21. *La cité des Kroumirs; La cité Jeanne d'Arc*. Rapport sur deux ouvrages du docteur Du Mesnil, t. 117, p. 933 à 941.
22. *Notice historique sur la vie et les travaux de M. de Rémusat*, lue dans là séance publique annuelle du samedi 22 juillet 1882, t. 118, p. 246 à 277. Inséré dans les *Mémoires de l'Académie*, t. XIV, 1re partie, p. 277 à 315.
23. *Le danger des mauvais livres et le moyen d'y remédier*. Rapport sur un ouvrage de M. de Budé, t. 119, p. 764.
24. *Observations sur les populations agricoles de la Bretagne*, t. 120, p. 158 à 160.
25. *Les assurances ouvrières en Allemagne*. Rapport sur un ouvrage de M. Ch. Grad, t. 120, p. 281 à 283.
26. *Notice historique sur la vie et les travaux de M. Guizot* lue à la séance publique annuelle du amedi 10 novembre 1883, t. 120, p. 863 à 905. Inséré dans les *Mémoires de l'Académie*, t. XV, p. 1 à 52.
27. Funérailles de M. Mignet..., le vendredi 28 mars 1884... *Discours de M. Jules Simon*. — Institut, in-4, p. 15 à 19.
28. *Observations sur un ouvrage de M. Du Mesnil : L'habitation du pauvre à Paris*, t. 121, p. 448.
29. *Suppression des anciennes Académies*, t. 122. p. 722 à 746.
30. *Éloge de M. Thiers*, lu dans la séance publique annuelle du 8 novembre 1884, t. 122, p. 837 à 878. Inséré dans les *Mémoires de l'Académie*, t. XV, p. 53 à 102.
31. *Rapport sur la traduction d'Aristote de M. Barthélemy-Saint Hilaire*, t. 124. p. 765 à 768.
32. *Éloge de M. Mignet*, lu dans la séance publique annuelle du 7 novembre 1885, t. 124, p. 885 à 924.

Inséré dans les *Mémoires de l'Académie*, t. XV, p. 103 à 150.

33. *Notice historique sur la vie et les travaux de M. Michelet*, lue dans la séance publique annuelle du 4 décembre 1886, t. 127, p. 26 à 99. Inséré dans les *Mémoires de l'Académie*, t. XV, p. 151 à 237.

34. *Le Comité des travaux historiques et philosophiques*, t. 127, p. 119 à 127.

35. *Les temps passés*. A propos d'un ouvrage de M. G. Guizot et de Mme de Witt, t. 127, p. 470-471.

36. *Discours prononcé à l'inauguration de la statue élevée à la mémoire de Victor Massé, à Lorient, le 4 septembre 1887.* — Institut, in-4, p. 7 à 12.

37. *Notice historique sur la vie et les travaux de M. Louis Reybaud*, lue dans la séance publique annuelle du 17 décembre 1887, t. 129, p. 28 à 59. Inséré dans les *Mémoires de l'Académie*, t. XVI, p. 1 à 38.

38. *Notice historique sur la vie et les travaux de M. Henri Martin*, lue dans la séance publique annuelle du samedi 1er décembre 1888, t. 131, p. 29 à 63. — In-4, 43 pages. Paris, Didot, 1888.

39. Inauguration de la statue de Jean-Jacques Rousseau, le 3 février 1889. *Discours de M. Jules Simon, directeur de l'Académie française*. In-8, 8 pages. Paris, Didot, 1889.

40. *Réponse de M. Jules Simon, directeur de l'Académie française, au discours de M. Henry Meilhac.* (*Séance de l'Académie française du 4 avril 1889.*) Institut, in-4, p. 33 à 56. — In-8, 41 pages. Paris, C. Lévy, Librairie nouvelle, 1889.

41. *Notice historique sur la vie et les travaux de M. Michel Chevalier*, lue dans la séance publique annuelle du 7 décembre 1889, t. 133, p. 29 à 90.

42. *Notice historique sur la vie et les travaux de M. Caro*, lue dans la séance publique annuelle du samedi 6 décembre 1890, t. 135, p. 111 à 176.

43. *Notice historique sur la vie et les travaux de*

M. Fustel de Coulanges, lue dans la séance publique annuelle du samedi 28 novembre 1891, t. 137, p. 33 à 66.

44. *Notice historique sur la vie et les travaux de M. Charton*, lue dans la séance publique annuelle du samedi 3 décembre 1892, t. 139, p. 47.

45. *Notice historique sur la vie et les travaux de M. Hippolyte Carnot*, lue dans la séance publique annuelle du samedi 2 décembre 1893.

46. *Notice historique sur la vie et les travaux de M. Ch. Lucas*, lue dans la séance publique annuelle du samedi 1er décembre 1894.

47. *Notice historique sur la vie et les travaux de M. Victor Duruy*, lue dans la séance publique annuelle du samedi 30 novembre 1895.

COLLABORATIONS DIVERSES

Articles dans le *Dictionnaire des sciences philosophiques* (1re édition 1843-1852; 2e édition, 1875).

Préface à *Eugénie Grandet*, de Balzac, 1853.

Collaborateur de la *Revue des Deux Mondes*, depuis le 1er octobre 1840.

Collaborateur de *La liberté de penser*, de 1848 à 1850.

Directeur du *Journal pour tous*, en 1856.

Directeur du *Siècle*, de 1875 à 1877.

Directeur du *Gaulois*, de 1879 à 1881.

Collaborateur du *National*, de juin 1848 à la suppression du journal.

Collaborateur du *Matin*, depuis le 12 août 1884.

Collaborateur du *Journal des Débats*, depuis septembre 1886.

Collaborateur du *Temps*, depuis le 2 mars 1890.

Directeur de la *Revue de famille*, depuis 1888.

Collaborateur du *Figaro*, du *Journal*, du *Soir*, etc.

Auteur d'articles parus dans un grand nombre de revues et journaux italiens, anglais, espagnols.

Coulommiers. — Imprimerie Paul Brodard. — 992-95.

www.ingramcontent.com/pod-product-compliance
Lightning Source LLC
LaVergne TN
LVHW020338230826
846091LV00003B/922